De gauche à droite
La plage de La Baule.
Le sel de Guérande.
Le lac de Grand-Lieu.

ITINÉRAIRES DE DÉCOUVERTES

La Loire-Atlantique

TEXTE **Laurence Vilaine** PHOTOGRAPHIES **Hervé Ronné**

Editions OUEST-FRANCE

Les couleurs correspondent chacune à un itinéraire et à un chapitre traité dans le livre.

Sommaire

Introduction

Maritime et ligérienne

Derniers châteaux, dernier vignoble : la Loire arrive au terme de son long voyage. Nantes est sur son chemin, qui semble vouloir la retenir dans sa course, mais la Loire est sauvage et n'est pas de celles qui tiennent en place. L'océan l'appelle, et elle se jette dans ce long estuaire qui la retiendra sur une cinquantaine de kilomètres, mais pas davantage. Avant de quitter le continent, la Loire lègue son nom à la dernière contrée qu'elle traverse ; galant, l'Atlantique la laisse passer devant : la « Loire-Atlantique », ainsi nommée, a forgé son identité géographique à partir de

Page de gauche
Sillonnés de canaux, les marais briérons se situent au cœur de la presqu'île de Guérande, à quelques kilomètres de l'océan Atlantique. Ils appartiennent au Parc naturel régional de Brière qui, créé en 1970, est l'un des premiers parcs naturels régionaux de France.

Sur la rive droite de l'Erdre, le château de La Gacherie, construit au XVe et remanié XIXe siècle.

ce double héritage. Les gens d'ici connaissent ce vent d'ouest et ces colonies de mouettes refluées vers les terres quand la pluie menace, ce ciel flamboyant à l'heure où le soleil plonge dans la mer, ou encore la Loire à contre-courant poussée par la marée montante. Toujours, l'océan se rappelle au bon souvenir du pays.

Maritime et ligérienne, la Loire-Atlantique vit au rythme de l'eau qui coule dans ses veines. Principal affluent de la Loire, l'Erdre se fraye un chemin discret, puis s'élargit, presque mondaine quand elle fait son entrée en ville, escortée de châteaux et de folies. La Sèvre sillonne les coteaux de vigne et joue à cache-cache avec la Maine. Jalonnée d'écluses, l'Isac s'embarque dans la grande aventure du canal de Nantes à Brest et, s'il est moins connu, le Don ne le mérite pas, déterminé à traverser le schiste ardoisier dans sa course vers la Vilaine. Nonchalant, enfin, le Brivet s'enfonce dans un paysage de marais. Rubans de plaisance, serpents fuyants et gracieux méandres sous un pont de pierre, les rivières se sont fait un lit presque partout dans le département. La Loire-Atlantique respire aussi la douceur feutrée de ses marais, de Brière, de Goulaine, de Guérande ou de Mesquer, pays vert,

Bac de Loire entre Couëron et Le Pellerin.

Le pont d'Ingrandes-sur-Loire, entre Loire-Atlantique et Maine-et-Loire.

Bord de Sèvre à Clisson.

royaume d'îles et de canaux, pays blanc, celui du sel et de l'eau, du soleil et du vent. Puis les étangs viennent compléter le camaïeu des bleus sur la carte du département. Vioreau, Provostière et Poitevinière : pas moins de 250 ha d'eau pour ces trois-là réunis, solidairement engagées à alimenter le canal de Nantes à Brest. Au sud enfin, il est un lieu étrange que les saisons s'amusent à rétrécir : on ne saurait compter avec précision les hectares d'eau du lac de Grand-Lieu, berceau de l'Acheneau qui s'en ira mourir dans le canal de la Martinière, avant de rejoindre la Loire.

Si le littoral est souvent le premier pôle attractif du département, les terres ne recèlent pas moins de richesses. Plus discrètes, c'est à petits pas qu'il faut aller les rencontrer, une carte en main et sans quelconque instrument qui compterait les heures et les secondes, par le chemin des écoliers, qui présente l'avantage d'apprendre à voyager sans contraintes. Cet ouvrage propose une découverte de la Loire-Atlantique à travers plusieurs itinéraires. Mais il n'est bien sûr pas de règle qui interdise de franchir leur limite, pas de frontière qui empêche de suivre telle ou telle route d'un bout à l'autre de son tracé ou de passer d'une rive de la Loire à l'autre, de l'ardoise à la tuile et du granit au tuffeau. S'il est une frontière dans ce coin de pays, elle est naturelle : d'est en ouest, la Loire coupe joliment le département.

Le lac de Grand-Lieu à Passay.

le Sémaphore
le Sémaphore

À Nantes

Le long de l'estuaire de la Loire, Nantes a les pieds dans l'eau : avec l'Erdre, elle fait un bout de chemin et regarde venir la Sèvre depuis le vignoble dont elle a fait son jardin ; en se hissant sur la pointe des pieds, Nantes aperçoit l'océan. Sixième ville de France, labellisée « Ville d'art et d'histoire », elle invite à une promenade au fil des siècles, au fil de l'eau qui a modelé sa silhouette.

Promenade médiévale

Si Nantes est administrativement séparée de la Bretagne, elle en garde résolument le souvenir dans ses

Page de gauche
L'Erdre rejoint la Loire par le canal Saint-Félix. Derrière la cathédrale Saint-Pierre-et-Saint-Paul, au pied du nouveau quartier de la Cité des congrès, le bassin du même nom accueille péniches et bateaux de plaisance. Par un tunnel, les embarcations peuvent remonter la rivière et rejoindre le canal de Nantes à Brest.

Le château des ducs de Bretagne, forteresse bretonne et château de la Loire.

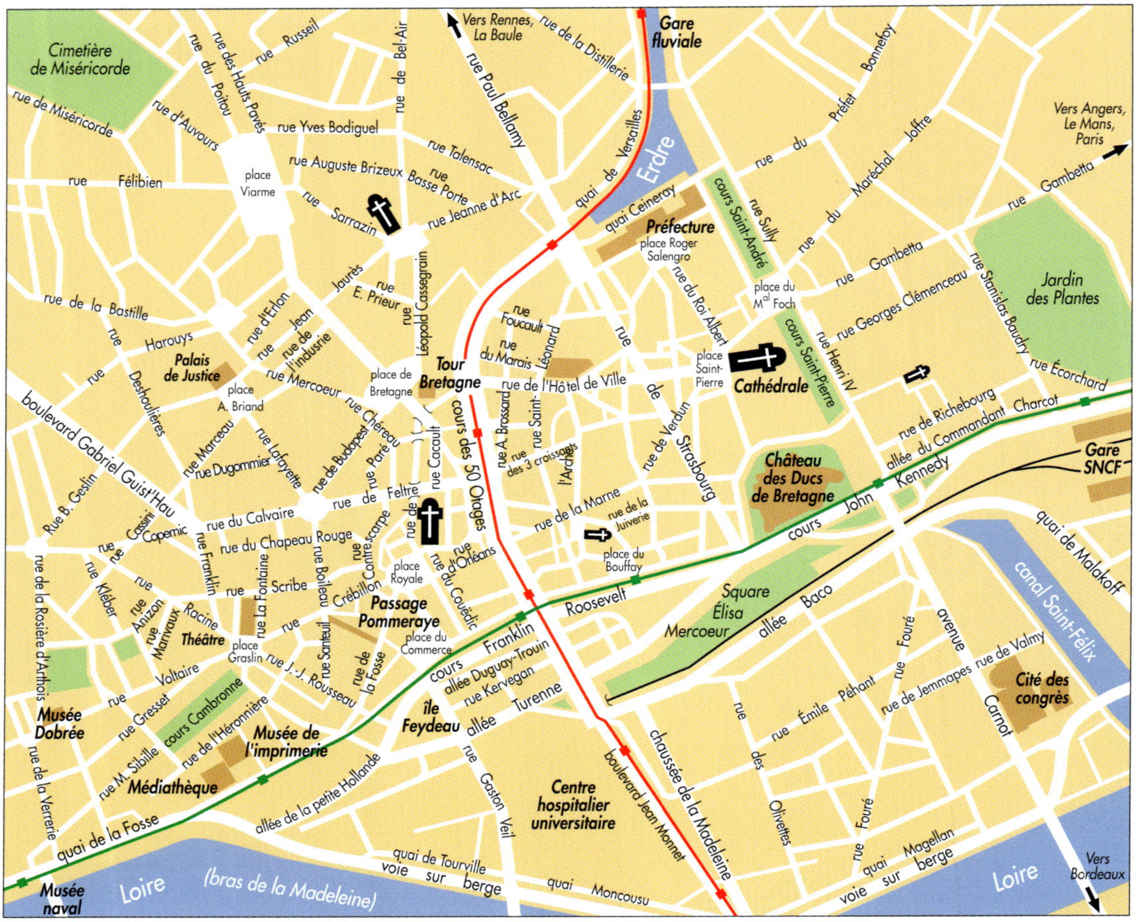

La résidence ducale du château des ducs de Bretagne comprend le Grand Logis, la tour de la Couronne d'or et le Grand Gouvernement.

Page de droite, en haut
L'ancienne biscuiterie nantaise LU est un centre d'art abritant des salles de spectacle (scène nationale), un restaurant, un bar, une boutique, un hammam, une crèche. Reconstruite à l'identique, la tour LU se visite.

pierres. Patrimoine exceptionnel en plein centre de la ville, son château est l'œuvre de François II, dernier duc de la Bretagne indépendante qui, en 1466, entreprend la construction de cette forteresse défensive face au pouvoir royal et en fait le lieu de résidence des ducs et de leur cour. Le château des ducs de Bretagne allie le granit et le tuffeau, les remparts flanqués de sept tours reliées par des courtines, et les logis résidentiels contrastant par leur blancheur et leur raffinement. Marqués par les premières influences de la Renaissance italienne, les travaux d'embellissement sont poursuivis par la fille de François II, la duchesse Anne. Depuis le chemin de ronde, on peut imaginer la Loire qui baignait autrefois le château, majestueuse artère urbaine qui, pour les besoins de la circulation, pour des raisons d'insalubrité et d'insécurité, s'est vu amputée d'un bras.

Anne de Bretagne

Bronze de Jean Fréour (2002).

Le 19 mars 1514, le peuple nantais pleure la mort de sa duchesse ; Anne de Bretagne vient de s'éteindre à Blois. Couronnée en 1489 à l'âge de 11 ans, elle ne cesse de se battre pour défendre les privilèges de son duché. Complexe besogne pour une jeune orpheline qui, par obéissance, se doit d'épouser deux rois de France, Charles VIII, puis Louis XII. Deux fois reine, elle sera la dernière duchesse de Bretagne car si sa fille, Claude, hérite du duché, elle en fera don à son royal époux, François Ier ; en 1532, la Bretagne est rattachée à la France.
Alors que la duchesse Anne avait été ensevelie dans l'enfeu royal de Saint-Denis, son cœur est, selon son désir, rapatrié dans sa ville natale et déposé dans un reliquaire d'or, dans le tombeau de ses parents. Profané à la Révolution, ce reliquaire est aujourd'hui exposé au musée Dobrée.

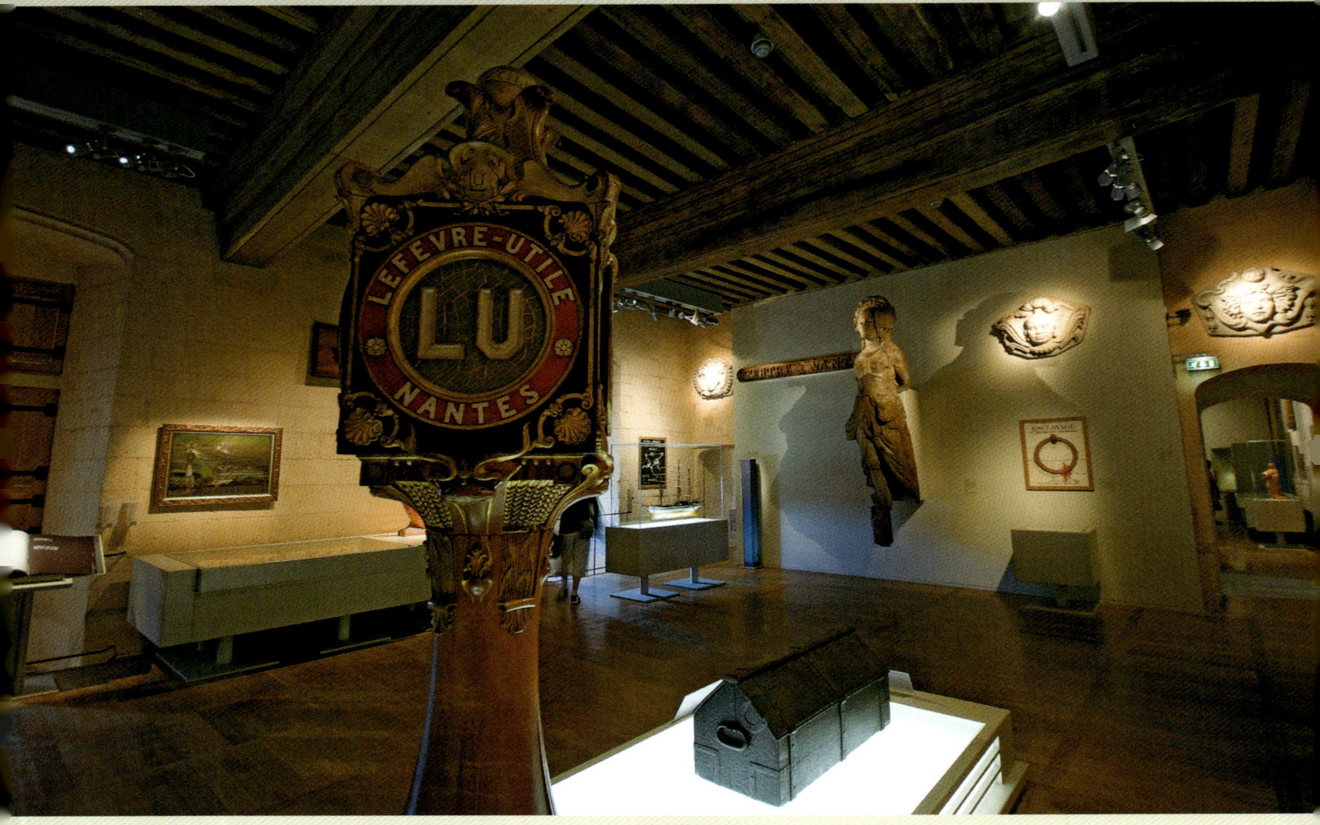

Installé dans le château des ducs de Bretagne, le musée d'Histoire raconte la ville de Nantes.

Le musée d'Histoire de Nantes

De grands travaux de restauration achevés en 2007 ont permis la création du musée d'Histoire de la ville au sein même du Grand Logis de la résidence ducale. Au fil de trente-deux salles sont ici contés l'histoire du château, l'estuaire de la Loire et le développement urbain, l'activité portuaire et industrielle, mais aussi les transformations consécutives à la Seconde Guerre mondiale comme les mouvements sociaux et la métropole d'aujourd'hui. De l'édit de Nantes aux grands bouleversements du xxe siècle en passant par le commerce colonial et la traite négrière, c'est un portrait de la ville que proposent 850 objets de collection et des dispositifs multimédias, une scénographie contemporaine au cœur d'un ensemble architectural du xve siècle.

Sur son ancienne rive sud, au-delà de l'actuel cours Kennedy, la tour de l'ancienne usine LU porte le souvenir d'une grande entreprise nantaise. « L » pour M. Lefèvre, « U » pour Mlle Utile : de l'union de ces deux-là sont nés les biscuits en paquets, et notamment le célèbre petit-beurre en 1886, institution qui connut nombre de voyages au long cours, de cartables d'écoliers et de boîtes en fer-blanc illustrées. Trois ans après sa création, trois tonnes de ce biscuit sortaient quotidiennement de l'ancienne filature du quai Baco, installée le long de la Loire face au château.

À partir du pont-levis, la rue du Château conduit à la vieille ville, qui abrite quelques anciennes demeures. Des maisons à pans de bois – place du Change, et dans les rues de Verdun, de la Juiverie et Bossuet –, rescapées des grands projets d'urbanisme, puis aux bombardements de 1943, côtoient des façades ornées de mascarons appartenant au style ornemental « rocaille » qui s'appliqua au quartier au milieu du XVIIIe siècle. Ici, un Jean-qui-rit et un Jean-qui-pleure (n° 12, place du Pilori), là, les cheveux aux vents d'Éole ou la couronne de Neptune : le style refuse la symétrie des motifs, et joue avec les formes et la fantaisie. Bouillonnant de vie les beaux jours venus ou joliment austères dans le froid de l'hiver, les ruelles conduisent à la place du Bouffay, jadis fermée de murailles. À la forteresse édifiée vers 990 par le duc Conan Le Tort, un beffroi était accolé, dont la cloche a pris place au sommet de l'église voisine Sainte-Croix. Dessinée par l'architecte Ceineray au XVIIIe siècle, la place du Bouffay s'ouvre aujourd'hui sur les anciens quais de la Loire devenus des cours et des allées. Les terrasses s'accaparent le plein soleil du midi.

Au cœur du quartier médiéval, la Maison du Change et l'église Sainte-Croix.

Ci-dessus et ci-contre
Les quatre vertus cardinales encadrent le tombeau de François II et de Marguerite de Foix : la Justice, la Force, la Tempérance et la Prudence. Sculpté à l'arrière du visage de la Prudence (ci-contre), le visage d'un vieil homme symbolise le passé ; un compas à la main, la Prudence mesure le temps et écrase le serpent qui, à ses pieds, pourrait être le démon déguisé.

Vaisseau de pierre et de lumière

Sa première pierre est posée en 1434… et la dernière, quatre siècles et demi plus tard. Dédiée à saint Pierre et saint Paul, la cathédrale a conservé une unité de style, privilégiant le gothique du XVe siècle. Pour découvrir les coulisses de cette colossale entreprise, un escalier invite à descendre dans ses entrailles, dans les deux cryptes tapies sous le chœur gothique, l'une du XIe siècle et l'autre du XIXe. Dans le transept sud, un arrêt s'impose devant le tombeau de François II et de Marguerite de Foix, sculpté par Michel Colombe au début du XVIe siècle, à la demande d'Anne de Bretagne pour ses parents. Porteurs des âmes au paradis, deux anges accompagnent les gisants, un lévrier porte les hermines de Bretagne et les quatre vertus cardinales sont incarnées à chaque angle du tombeau.

En arrière de la cathédrale, au fond de l'impasse Saint-Laurent, une grille s'ouvre sur le logis de la Psalette qui, au XIXe siècle, abritait la manécanterie de la cathédrale. Son jardin s'ouvre sur le cours Saint-Pierre, prolongement de celui de Saint-André – deux promenades rectilignes, sous lesquelles a été dévié le cours de l'Erdre. Entre les deux cours, Louis XVI, en costume romain, trône au centre de la place Foch, au sommet de l'un des rares monuments en France portant encore son effigie. À deux pas, la rue George-Clemenceau abrite le musée des Beaux-Arts, derrière la chapelle de l'Oratoire. Ordonné autour d'un vaste et lumineux patio, celui-ci représente l'une des grandes réussites de l'architecture muséographique de la fin du XIXe siècle, et donne à découvrir une collection allant des Primitifs italiens jusqu'aux grands mouvements artistiques contemporains. Parmi ses pièces maîtresses : *Madame de Senonnes* par Ingres, *Les Cribleuses de blé* de Courbet et trois chefs-d'œuvre de Georges de La Tour : *Le Vielleur*, *Le Songe de saint Joseph* et *Le Reniement de saint Pierre*. À deux pas du musée des Beaux-Arts, le jardin des Plantes est un havre de verdure au cœur de la ville.

Le Songe de saint Joseph **de Georges de La Tour.**
(Nantes, musée des Beaux-Arts, © RMN/Gérard Blot)

Près de 30 m² de vert par habitant

Le premier jardin de Nantes voit le jour en 1688, simple terrain concédé aux apothicaires pour y cultiver leurs plantes médicinales. Arrivent ensuite plants et graines exotiques que les navigateurs nantais, sur ordonnance royale, sont chargés de rapporter de leurs nombreux voyages. C'est ainsi que de nouvelles espèces sont introduites en Europe, plantées à Nantes, puis au jardin royal de Paris. Situé en face de la gare (sortie nord), le jardin des Plantes, qui remplace celui des Apothicaires en 1806, compte environ 11 500 espèces végétales, dont 200 magnolias (le plus vieux d'Europe planté en 1807), 380 variétés de camélias et 153 espèces de plantes médicinales et toxiques, un tulipier d'une circonférence de 3,50 m, une orangerie, un palmarium, une serre à cactées... Nantes ne compte pas moins de huit parcs et jardins ; la Loire, l'Erdre, la Sèvre, la Chézine et le Cens qui traversent la ville ont permis d'aménager de nombreux espaces verts à proximité de leurs berges.

Ci-dessous et ci-contre
Construit en 1898, le Palmarium du jardin des Plantes abrite une collection exceptionnelle d'épiphytes. Les serres voisines possèdent l'une des plus complètes collections de cactées et de succulentes de France.

Le quartier Graslin

Changement de siècle. Passé le cours des Cinquante-Otages, ainsi nommé en souvenir des otages fusillés par les Allemands en 1941, les XVIIIe et XIXe siècles habillent ce quartier de la ville. Au pied de la colline Graslin, la place Royale s'est offert une fontaine : reine dans sa robe de marbre blanc, Nantes est entourée de la Loire et de ses affluents, la Sèvre, l'Erdre, le Cher et le Loiret : quatre statues à demi couchées aux côtés de huit petits génies personnifiant les principales branches de l'industrie et du commerce local. Échappée romantique à

La place Royale fut réalisée entre 1790 et 1794 sur les plans de l'architecte Mathurin Crucy. Inaugurée en 1865, sa fontaine monumentale est l'œuvre du Nantais Henri Driollet. Victime des bombardements en 1943, l'ensemble fut reconstruit à l'identique au début des années soixante.

La brasserie La Cigale, établissement 1900, classé monument historique.

Page de droite
Le passage Pommeraye, réussite architecturale du XIXe siècle.

deux pas de là, le passage Pommeraye ouvre ses grilles en 1843, reliant la rue de la Fosse à la rue Crébillon, 9 m plus haut. Sous les arceaux métalliques, vers la lumière que filtre la grande verrière, entre les colonnes de pierre et les statues d'enfants se perdant dans le songe, la promenade est immortalisée par le réalisateur nantais Jacques Demy qui, suivant les pas de Lola, y promena sa caméra en 1962.

Cœur du quartier, la place Graslin fut aménagée par le promoteur qui lui donna son nom et dessinée par l'architecte Crucy. Drapées à l'antique, huit muses surmontent les colonnes du théâtre, inauguré en 1788. En face, pimpante dans son centenaire passé, se tient la vedette de la place : les bras croisés, La Cigale est le rendez-vous obligé des cinéastes, des acteurs ou des barytons de passage, et des Nantais tout simplement, pour un déjeuner ou un café entre les céramiques, les stucs, les toiles peintes et les moulures dorées. Du sol au plafond, la brasserie invite tout le kitsch de la Belle Époque. Né le 1er avril 1895, le restaurant a échappé aux bombardements de la guerre et la belle demoiselle fait partie des murs ; avec ou sans bise, la place Graslin serait sans elle fort dépourvue.

SALSA NOVA
PETIT BRASIL
OPTICIEN
GALERIE REGNIER

Changement de décor

Au début du XXe siècle, le cœur de Nantes se mire dans les eaux de la Loire et de l'Erdre. Une ville de ponts, d'îles et de quais, un paysage romantique bientôt altéré par le temps et l'arrivée d'un nouveau siècle. Face aux inondations, à l'écroulement des ponts, aux eaux stagnantes et aux problèmes d'hygiène, face à la place grandissante que prennent le train et l'automobile, Nantes doit abandonner ses habits de reine ; la « Venise de l'Ouest » va devoir quitter la scène. À l'aube de la Seconde Guerre mondiale, Nantes change de silhouette. Autour de l'île Feydeau commencent, en 1927, les comblements des bras de la Loire, suivis des chantiers de l'Erdre deux années plus tard. Depuis 1934, l'Erdre ne traverse plus Nantes. Comblée et détournée, elle s'avance dans le centre-ville jusqu'au quartier de la préfecture. L'île de Versailles a jeté l'ancre à quelques mètres de là, métamorphosée depuis les années 1980 en un charmant jardin d'inspiration japonaise. Bambous, ponts de bois et petites plages de galets. Détente au cœur de la ville, découverte de la faune et de la flore de la rivière dans le pavillon qu'occupe la Maison de l'Erdre et rendez-vous annuel à la fin de l'été pour un retour de vacances en fête, en musique et au bord de l'eau. Détournée du cours des Cinquante-Otages, s'enfilant sous les cours Saint-Pierre et Saint-André sous un tunnel, l'Erdre ira, à partir de 1934, rejoindre la Loire par le canal Saint-Félix. Les lieux ont gardé la mémoire de l'eau ; des cours et des allées ont pris la place du lit de ses rivières.

(Coll. Monique Sclaresky)

Anciennement quartier des tanneries et des bateaux-lavoirs, le quai de Versailles et l'île du même nom constituent un lieu de promenade au cœur de la ville.

Souvenirs de voyages

Rue Jean-Jacques. Pourquoi s'encombrer de civilités ? Rousseau s'est habitué à ce que les Nantais l'appellent par son prénom. La rue Jean-Jacques, donc, descend vers la place du Commerce, l'île Feydeau et la Petite-Hollande, des noms qui disent « voyage et prospérité ». Rien d'étonnant : ici passait autrefois la Loire. Ici, l'on négociait et l'on s'enrichissait le long de ses quais, de son ancien port au Vin. Pour venir à la Bourse, qui encadre la place à l'ouest, les armateurs et négociants n'avaient que le bras nord de la Loire à traverser : ils habitaient en face, sur l'île Feydeau, quartier voué au commerce maritime, symbole de l'opulence de Nantes au XVIIIe siècle. Prestigieuses façades d'immeubles ornées de mascarons sculptés et de balcons ouvragés dans l'étroite et obscure rue Kervégan : c'est en partie avec les bénéfices de la traite négrière que ces constructions purent s'offrir le luxe qu'elles exhibent. On les retrouve le long du quai de la

Deux grands musées voisins

Le musée Dobrée

À son inauguration en 1897, le Tout-Nantes ne parle pas encore de musée mais de « Folie Dobrée ». Fils d'un riche armateur nantais, Thomas Dobrée délaisse le négoce et l'armement afin de s'adonner à sa passion pour l'histoire et les arts. Estampes, manuscrits enluminés, mobilier de haute époque, peintures des écoles du Nord... Les quelque 10 000 œuvres de sa collection sont présentées dans le palais qu'il fait édifier à partir de 1862 ; selon les volontés testamentaires de ce mécène, l'édifice est devenu musée départemental en 1895.

Coffret-reliquaire du cœur d'Anne de Bretagne (1514).
(Musée Dobrée, Nantes. Ph. Ch. Hemon)

Le Muséum d'histoire naturelle

Inauguré en 1875 dans l'ancien hôtel de la Monnaie, le Muséum de Nantes est constitué d'un patrimoine scientifique important qui le place parmi les premiers de France en nombre de spécimens. Ses collections couvrent tous les domaines de l'histoire naturelle : zoologie, botanique, ethnologie, sciences de la terre. Un vivarium présente reptiles et batraciens de toutes origines.

Muséum d'histoire naturelle : plaquettes de bois exotiques le long de l'escalier qui mène au premier étage.
(Muséum d'histoire naturelle de Nantes. Ph. Patrick Jean)

Ancienne île de Loire, l'île Feydeau témoigne de la richesse des armateurs nantais au XVIIIe siècle.

Fosse, qui s'est développé au fur et à mesure de l'accroissement du trafic fluvial. Au XVIIIe siècle, Nantes est le premier port négrier d'Europe. De ce commerce, la ville s'enrichit. Les somptueuses demeures fleurissent, et de nouvelles industries se développent ; on raffine le sucre et l'on tisse le coton pour fabriquer les indiennes. Si la traite est interdite en 1818, il faudra attendre 1848 pour voir l'abolition de l'esclavage en France.

La Loire appelle au voyage, à la promenade le long de ses quais, à pied ou en tramway. La rive gauche somnole dans la mémoire des chantiers navals. Fini les bousculades et les transferts quotidiens des bleus de travail sur la passerelle du pont transbordeur ; Dubigeon n'est plus qu'un nom gravé dans l'histoire des chantiers. Sur le quai depuis 1956, la grue Titan servait à soulever les éléments préfabriqués et soudés qui entraient dans la construction des navires.

Dernier survivant des voiliers à trois mâts construits en 1896 sur l'île de la Prairie-au-Duc, le *Belem* revient régulièrement, fidèle à son port d'attache. Arrêt « Gare maritime ». Les rails du tramway quittent le quai, et c'est à pied que l'on monte au sommet de la butte Sainte-Anne, par la rue abrupte de l'Hermitage ou par l'escalier qui s'est frayé une ascension monumentale dans le coteau rocheux. Combien d'heures Jules Verne a-t-il passées à scruter les quais depuis la butte, à rêver de voyages et de long-courriers ? Fasciné au point d'embarquer en cachette sur *La Coralie*, passager clandestin jusqu'à Paimbœuf où son père l'intercepta et mit fin au voyage extraordinaire de ses 11 ans. Né à Nantes en 1828, Jules Verne y vécut durant son enfance et son adolescence, des années à rêver le monde, des années qui le poussèrent plus tard à le parcourir au gré de sa plume. Dans une maison du XIXe siècle accrochée au flanc de la butte, un musée est consacré à l'écrivain. Sur la rive gauche, Trentemoult, ancien village de pêcheurs et de marins au long cours, se tourne vers l'estuaire. Une navette fluviale, comme le « roquio » en service jusqu'à la fin des années 1950, permet la traversée du fleuve. La Loire épouse les humeurs de la marée. L'océan n'est qu'à quelque 50 km.

Composés de deux ou trois étages d'habitation et d'un rez-de-chaussée à usage d'entrepôt et de bureaux, les immeubles de l'île Feydeau répondaient aux besoins des négociants. Leurs façades sont ornées de mascarons qui, souvent, reflètent l'activité économique du propriétaire. Le monde marin est omniprésent, ici illustré par Neptune et là par Éole gonflant ses joues. Couronnes de plumes et têtes enrubannées évoquent les cultures rencontrées en Afrique et en Amérique, les traits négroïdes rappellent le commerce triangulaire.

Dans l'ancien siège de la direction des Ateliers et Chantiers de Nantes, la Maison des hommes et des techniques accueille un centre de documentation de la Navale et une exposition permanente – « Bâtisseurs de navire » – relatant l'histoire, les techniques de la construction des navires et leur évolution.

L'île de Nantes

Ancien archipel d'une dizaine d'îlots sablonneux et marécageux, l'île de Nantes est née de ceux-là, réunis par les comblements progressifs des bras de la Loire ; elle constitue aujourd'hui un vaste territoire de 337 ha – long de 4,900 km d'est en ouest et large de 1 km maximum.

Forte d'une histoire industrielle, l'île de Nantes s'est forgé son identité tout au long des XIXe et XXe siècles. Si sa partie orientale résulte de l'urbanisation des années 1960-70, sa partie occidentale est plus ancienne, ancien quartier des raffineurs de sucre, des filatures et des fabriques de toiles indiennes, des tanneries et des fonderies, et bien sûr des chantiers de construction navale qui, sur la Prairie-au-Duc, regroupaient jusqu'à 8000 ouvriers dans les années 1950 ; des centaines de navires furent construits jusqu'à ce que le dernier chantier, Dubigeon, cesse son activité en 1987.

Symbole du déclin de la ville à la fermeture de ce chantier, l'île a fait, dès lors, l'objet de toutes les attentions : depuis 2001, l'ancienne friche est devenue le cadre d'un grand chantier de rénovation urbaine, dont la maîtrise d'œuvre est gérée par l'équipe de l'architecte Alexandre Chemetoff avec le concours de L'Atelier de l'île de Nantes. Sa transformation consiste, en partie, en la

réhabilitation d'anciennes entreprises industrielles. Qu'il s'agisse d'Alstom, du site des chantiers, des anciennes Fonderies de l'Atlantique ou encore du Hangar à bananes, la reconversion entend trouver pour chacun de ces sites une dynamique contemporaine tout en sauvegardant les patrimoines industriel et portuaire, en pérennisant la mémoire de la construction navale et de ses ouvriers, et en recréant un lien fort entre la ville et la Loire. Ce premier lien est établi dès 2000 par l'implantation du nouveau palais de justice, conçu par Jean Nouvel, une passerelle le reliant au centre historique. Depuis, les travaux se poursuivent au fil des ans. Des projets immobiliers accueillent logements, entreprises privées et publiques, équipements culturels et artistiques, l'école des Beaux-Arts... On procède à l'aménagement des quais, à la création de jardins en terrasses, de plages vertes et de sable, offrant autant d'espaces de détente en bordure du fleuve. Ainsi, par exemple, le site des Chantiers est devenu un lieu de promenade avec pontons, estacades et jardins thématiques dans la continuité piétonne dessinée en amont. Le projet de l'aménagement de l'île de Nantes est présenté au travers d'une exposition visible au hangar 32 du quai des Antilles.

Depuis le quai des Antilles, *Les Anneaux* (2007), œuvre du plasticien Daniel Buren, offrent des découpages sur le paysage fluvial. La nuit, ils sont auréolés de rouge, de vert et de bleu.

Les Machines de l'île

Projet artistique imaginé par François Delarozière et Pierre Orefice, grands acteurs de scénographies urbaines, les Machines de l'île constituent un ensemble de structures mécaniques monumentales qui, à terme, intégreront de manière pérenne le paysage urbain de l'île de Nantes. Les premières machines se sont animées le 1er juillet 2007 : le public peut voyager à bord du Grand Éléphant et se promener sur la branche prototype du futur Arbre aux hérons. Dans les nefs, grandes halles industrielles de plus de 10 000 m² où étaient jadis équipés les navires, la galerie des Machines n'est autre que l'atelier de fabrication où des machinistes s'affairent à construire et animer les pièces du futur Manège des mondes marins. De part et d'autre d'une rue intérieure, le visiteur est invité à découvrir ces extraordinaires animaux des grands fonds et à en prendre les commandes. Ici, le Serpent des mers, le Crabe géant, le Bateau tempête, la Tortue-girafe, la Coque de noix ; là, le Carrosse pour dames, gros coquillage porté par une trentaine d'oiseaux, ou l'Attelage marin qui, constitué de deux chevaux avec écailles et queue de poisson, peut accueillir six adultes et deux tout-petits. La galerie s'enrichit au fil des créations.

L'Éléphant (12 m de haut, 8 m de large, 50 t) peut embarquer 49 passagers sur son dos pour une promenade de 45 minutes.

Les Machines de l'île se situent à la croisée des « mondes inventés » de Jules Verne, de l'univers mécanique de Léonard de Vinci et de l'histoire industrielle de Nantes.

Le Hangar à bananes

Passé les cales de lancement des bateaux, réhabilitées à l'identique ou en lieux d'exposition, le quai des Antilles s'étire jusqu'à la pointe ouest de l'île et longe le Hangar à bananes. Construit au lendemain de la Seconde Guerre mondiale, ce dernier totalise une surface de 8000 m². Utilisé jusqu'au début des années 1970 pour stocker et faire mûrir les bananes importées des Antilles, il est devenu un lieu festif, accueillant bars et restaurants, une discothèque, une salle d'exposition dédiée à l'art contemporain.

Le Hangar à bananes. (Photo Eric Milteau)

L'estuaire de la Loire

de Nantes à Saint-Nazaire

De Nantes à Saint-Nazaire, la Loire s'élargit en un vaste estuaire, long de 40 km et large de près de 3 km vers son embouchure. De part et d'autre, marais, vasières découvertes à chaque marée basse, roselières et prairies salées inondées en hiver constituent une importante richesse écologique pour sa biodiversité ; au moins six cents espèces différentes de plantes sont répertoriées. Situé au sein de cette vaste zone humide d'importance internationale, l'estuaire constitue un territoire étonnant et fragile où se côtoient nature sauvage et patrimoine industriel et portuaire.

Page de gauche
En surplomb du canal de La Martinière, ce voilier de 9 m se penche et se plie, comme irrésistiblement attiré par le fleuve. Il s'agit d'une installation d'Erwin Wurm, *Misconceivable*, œuvre pérenne du parcours artistique Estuaire ***(lire page 37).***

Le port de Couëron.

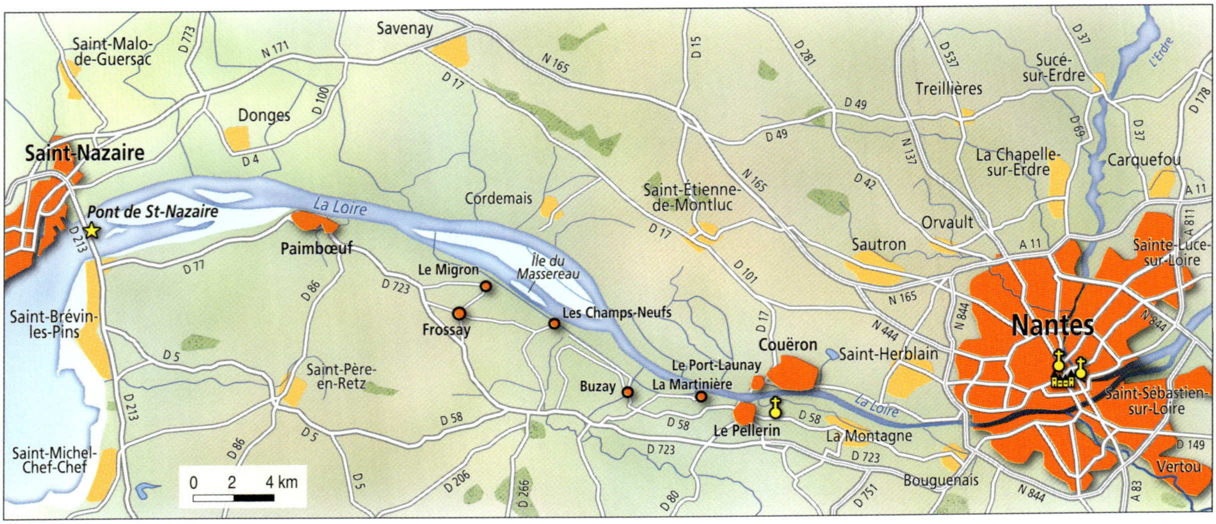

Le long de l'estuaire

À la sortie de Nantes, le pont de Cheviré enjambe la Loire. Plus question de passer d'une rive à l'autre avant le pont de Saint-Nazaire... à moins de faire la traversée sur l'eau. À Indre et à Couëron, anciens ports de Loire spécialisés dans la pêche à la civelle, un bac s'éloigne de la rive droite pour rejoindre la gauche. Au XIXe siècle, il transportait les ouvriers d'une rive à l'autre, pour gagner les forges de Basse-Indre ou la fonderie de Couëron, dont la Tour à plomb est aujourd'hui le témoin. Depuis la cale du Paradis, à Port-Launay, un marais

Le canal de la Martinière.

s'étend sur 2 000 ha. On le nomme Marais Audubon, nom du grand peintre naturaliste qui vécut dans la maison voisine de la Gerbetière au XVIIIe siècle. Les marais nourrirent sa passion pour l'observation de la nature et le dessin ornithologique.

À la lisière du pays de Retz

Le bac accoste au Pellerin, que le saumon, la civelle ou l'alose ont autrefois rendu florissant. Peu à peu, les roseaux investissent les fossés et annoncent le plat pays de Retz. C'est tout près, à partir du hameau de La Martinière que la

Ci-dessus, à gauche
Le bac entre Couëron et Le Pellerin.

Ci-dessus, à droite
La Tour à plomb de Couëron.

Écluse des Champs-Neufs.

Loire se fait accompagner dans ses dernières heures par un canal qui la seconda alors qu'elle souffrait d'ensablement, puis qu'elle oublia très vite, dès que les dragueurs lui permirent de reprendre son autonomie. Le canal de la Martinière se laisse longer à pied, à vélo ou en voiture. Ici, le canal de Buzay vient se joindre à lui, creusé au XVIIe siècle pour faciliter la navigation entre la Loire et le lac de Grand-Lieu, drainant l'Acheneau et le Tenu. Là, se dressent les vestiges de la tour de Buzay, monastère fondé en 1125.

La promenade conduit aux Champs-Neufs et à sa maison éclusière. Le colvert, le martin-pêcheur ou la sarcelle d'hiver nichent à quelques pas de là, sur l'île du Massereau, réserve faunistique depuis 1973. Si quelques hivers ont vu passer le rarissime aigle criard, le printemps s'éveille chaque année au chant du râle des genêts. Suit Le Migron, petit village sur la commune de Frossay, point de passage des pèlerins de basse Bretagne en

La Machinerie des Champs-Neufs.

Une histoire brève

Encombrée d'îles et de bancs de sable, la basse Loire pose problème au port de Nantes... La navigation y est de plus en plus difficile et les gros bateaux n'ont qu'une solution : s'arrêter à Saint-Nazaire. Méfiante, Nantes regarde d'un mauvais œil cet avant-port rival et rêve à un canal de navigation qui maintiendrait son trafic portuaire. Négociants et armateurs partagent fermement l'idée, et la construction du canal de la Martinière est entreprise en 1882. Après dix ans de travaux douloureux – le coût est énorme, et beaucoup d'ouvriers paieront de leur vie –, le canal s'ouvre à la navigation du Pellerin jusqu'au Carnet. Un succès immédiat : les quais de Nantes reprennent vie. Un succès éphémère : les progrès technologiques permettent désormais de draguer la Loire à moindres frais et les dimensions du canal ne répondent plus aux besoins du trafic. À l'aube de la Première Guerre mondiale, le canal de la Martinière ferme ses écluses et deviendra trop vite un triste cimetière de bateaux.
De cette aventure, le pays de Retz ne sort pas perdant : le canal irrigue un quart de son territoire et régule les eaux des marais du Tenu, du bassin de Grand-Lieu et de la baie de Bourgneuf.
Sur ce site protégé, les brumes matinales, l'envol des sarcelles et le vent dans les roseaux se chargent du décor.

Le phare de Paimbœuf.

route vers Compostelle. De la place de l'Étier, la route descend aux vestiges de l'ancien pont tournant, qui jadis pivotait pour laisser passer les bateaux. Quelques centaines de mètres le distancent du Carnet. Ici s'arrête le voyage d'un canal, vingt ans de navigation et 15 km. En aval, Paimbœuf, avant-port de Nantes jusque vers 1850, s'enivre des derniers effluves ligériens. Si son phare n'éclaire plus corsaires et négriers, il continue de faire feu à l'entrée de l'estuaire, cet espace incertain, hésitant entre le fleuve et la mer. Le petit port de Lavau-sur-Loire se détache timidement sur la rive droite.

Le Jardin étoilé de Kinya Maruyama, à Paimbœuf, œuvre du parcours d'Estuaire (lire p. 37).

Sur l'estuaire de la Loire, la raffinerie de Donges..

Le port de pêche de Saint-Nazaire.

Silhouettes industrielles

Le paysage s'habille soudain de cheminées et de torchères, de portiques géants, d'installations sablières et de terminaux méthaniers, agro-alimentaires et charbonniers. L'usine électrique de Cordemais et la raffinerie de Donges se partagent un bout de ciel, la zone industrielle de Montoir occupe plus de 700 ha de la rive nord de l'estuaire. Terminaux charbonniers, pétroliers, méthaniers... Port Atlantique Nantes – Saint-Nazaire est le plus important des ports français sur la façade atlantique et dessert plus de deux cents ports dans le monde. Le pont de Saint-Nazaire, dont le point central culmine à 61 m, fait le grand écart entre les deux rives, au plus près de l'embouchure de la Loire.

Saint-Nazaire

Modeste village de pêcheurs à ses origines, Saint-Nazaire a débuté sa grande aventure portuaire à partir du milieu du XIXe siècle, accueillant les navires de gros tonnages qui, en raison de l'ensablement constant de la Loire, ne pouvaient remonter jusqu'à Nantes. Départ des lignes transatlantiques régulières à destination des Antilles et d'Amérique centrale, le port s'agrandit très vite et la Compagnie générale transatlantique implante son chantier naval en 1862. Du bassin de Penhoët

Œuvre d'Estuaire, *Villa-cheminée* (Tatzu Nishi, 2009) est une reproduction à l'identique d'une tour de la centrale thermique voisine de Cordemais. Au sommet, un pavillon se loue pour la nuit.

Estuaire Nantes – Saint-Nazaire

Depuis 2007, la métropole Nantes – Saint-Nazaire est la scène d'Estuaire, biennale d'art contemporain qui propose un parcours artistique le long de l'estuaire de la Loire. Pour cette aventure en trois épisodes (2007, 2009, 2011), des artistes du monde entier, choisis pour leur capacité à jouer avec l'espace public et les dimensions de l'estuaire, sont invités à réaliser des œuvres *in situ*, en plein air ou dans les lieux d'art et de patrimoine, tels le musée des Beaux-Arts et le Lieu unique à Nantes, ou encore Le Grand Café, centre d'art de Saint-Nazaire. Les œuvres, éphémères ou pérennes, composent un circuit ouvert à la visite. De cette manière, Estuaire entend accompagner et stimuler la création de la métropole Nantes – Saint-Nazaire. Visibles depuis le fleuve ou ses rives, les œuvres et les sites sont accessibles librement par voies terrestres, en voiture, à pied ou à vélo ; des visites sont organisées en car et une croisière fluviale permet à la fois la découverte du fleuve etde ses paysages. Le parcours d'Estuaire commence au choix dans l'une des deux villes, Nantes ou Saint-Nazaire.

Parmi les œuvres pérennes, citons par exemple, à Nantes, à la pointe de l'île, *Les Anneaux* de Daniel Buren et Patrick Bouchain qui offrent un découpage du ciel et de la terre ; le paysage se révèle dans ces cercles épurés qui, la nuit, s'auréolent de halos lumineux et colorés modifiant la perception de l'espace. À Couëron, le long des quais, *Did I Miss Something ?* de Jeppe Hein invite le visiteur à prendre place sur un banc ; celui-ci devient le catalyseur d'une action sur le paysage, soit un jet d'eau de 20 m de haut... jusqu'à ce qu'il décide de quitter le banc. À Paimbœuf, *Le Jardin étoilé* de Kinya Maruyama est un espace à vivre, construit avec des matériaux de la région (perches de châtaigniers, ardoise, sable et terre des bords de Loire, filets de pêche, roseaux...) ; on s'y promène, on y joue, on contemple : entre passerelle, observatoire et plongeoir, on regarde la Loire d'une façon nouvelle. Au Pellerin, le long du canal de la Martinière, à Lavau-sur-Loire, ou encore à Saint-Nazaire sur le toit de la terrasse panoramique de la base sous-marine, des œuvres se succèdent, que l'on approche à son rythme, à tout moment de l'année.

Le port de Saint-Nazaire, premier port sur la façade atlantique française.

Derrière la base sous-marine, les installations portuaires.

sont nés les grands paquebots de légende. Le développement de la ville lié au commerce maritime et à la construction navale fut tel qu'elle fut surnommée la « petite Californie bretonne ». Presque totalement rasée par les bombardements de la Seconde Guerre mondiale, Saint-Nazaire fut reconstruite, et son activité s'est développée avec la construction, à partir des années 1970, d'un nouvel ensemble portuaire le long de la Loire. Aujourd'hui, le Port autonome de Nantes – Saint-Nazaire, ou Port Atlantique, est le quatrième port national en volume de trafic.

Comprendre le port

Inutile de chercher l'ancienne gare transatlantique : elle a disparu entre 1940 et 1942 sous l'immense masse de béton de la base sous-marine construite par l'armée allemande. Long de 300 m, ce gigantesque blockhaus est désormais intégré dans le programme d'urbanisme urbain de la ville et est devenu la porte d'entrée monumentale du site portuaire. Flâner dans ses alvéoles et monter sur sa terrasse aide à comprendre cette fortification et l'agencement qui la rendit indestructible, de découvrir l'un des éléments les plus impressionnants du port, la forme-écluse Joubert, conçue entre 1929 et 1932. Ses dimensions gigantesques sont à la mesure des paquebots qu'elle accueillit, tels *France* ou *Normandie*.

Sur le site portuaire, une visite de l'Écomusée permet de voyager dans l'histoire de Saint-Nazaire : sur 550 m², de nombreuses maquettes, illustrations originales, films d'archives évoquent la création du port et son développement, les grandes phases de l'évolution technique et humaine des industries navale et aéronautique.

Voyages insolites

Dans deux des alvéoles de l'ancienne base sous-marine, le centre d'interprétation Escal'Atlantic propose de vivre une croisière transatlantique, tandis que le sous-marin *Espadon*, amarré dans l'écluse fortifiée par les Allemands en 1856, restitue l'ambiance de son expédition au cercle polaire, invitant à découvrir la vie difficile des sous-mariniers.

Embarquement à bord d'Escal'Atlantic

Le temps d'une croisière imaginaire, Escal'Atlantic fait vivre les sensations d'un voyage à bord des plus beaux paquebots, évoquant, sur 3 500 m² et trois niveaux, les ambiances, le luxe et la démesure de ces géants des mers. Le visiteur devient passager et traverse les époques au fil des coursives, choisit sa cabine et flâne sur le pont promenade, déguste un cocktail au bar ou plonge dans la chaleur et le bruit de la salle des machines ; il découvre une authentique œuvre d'art, se laisse conter l'histoire des millions d'émigrants qui voyageaient en fond de cale, avant de s'extasier devant le prestigieux dîner servi à la table du commandant. La scénographie de ce centre d'interprétation s'inspire de l'architecture et des somptueux décors de quelques-uns des plus prestigieux paquebots construits à Saint-Nazaire, tels *Île-de-France* (1927), *Normandie* (1935), *France* (1962)… Chaque année, un nouveau thème est proposé, qui promet d'insolites voyages autour du monde, à travers objets, musiques, documents d'archives rares relatant les traversées d'un continent à un autre.

Cabine et salle à manger du paquebot Escal'Atlantic.

Le bassin de Penhoët.

Enfin, c'est un rendez-vous nocturne que propose Saint-Nazaire : la Nuit des Docks, créée par l'artiste Yann Kersalé, transforme le port en un paysage de lumières et de couleurs.

Le quai des Marées.

Vers le littoral

Tournée vers le grand large bien sûr, Saint-Nazaire invite aussi à de longues promenades sur le front de mer. Depuis le quartier du Petit Maroc, il suffit de le suivre vers le nord. La promenade Villès-Martin jette un dernier coup d'œil sur l'estuaire et s'esquive derrière son phare ; des pêcheries se succèdent sur la plage, perchées sur leurs hautes pattes frêles. Depuis le fort, édifié en 1861 pour la défense côtière, le chemin des douaniers surplombe les plages, criques et falaises, et s'en va rejoindre la Côte d'Amour et la presqu'île de Guérande.

Visites industrielles

Pour approfondir sa connaissance du port et de ses gigantesques installations, les visites organisées par l'office de tourisme de Saint-Nazaire, en car et commentées par un guide professionnel, permettent de pénétrer des sites inaccessibles individuellement.

– La zone portuaire

La visite guidée concerne les zones portuaires de Saint-Nazaire et de Montoir-de-Bretagne, jusqu'aux portes de la raffinerie de Donges et de ses sept postes pétroliers, avec un passage commenté devant la capitainerie, les terminaux frigorifiques, fruitier, charbonnier, agroalimentaire, méthanier…

Chantier de construction navale STX Europe.

– Les chantiers navals

L'enceinte du chantier naval couvre plus de 100 ha en bordure de Loire. Un circuit complet donne à comprendre le processus de construction des navires, du parc à tôles jusqu'à l'armement. Des points d'observation offrent des vues privilégiées sur les navires en construction : la galerie technique, piétonne, qui domine la partie profonde de la grande forme de construction, où les « blocs » (ces gigantesques morceaux de bateaux, sont préfabriqués) pré-équipés et assemblés les uns aux autres ; le bassin d'armement, le plus grand du monde (424 m de long sur 95 m de large) ; et l'atelier des panneaux plans.

Atelier Airbus Saint-Nazaire.

Ci-contre
***Norwegian Epic* en construction.**

– Airbus

Ce parcours offre la possibilité de visiter l'usine de Gron, l'un des trois sites d'Airbus France, installé à Saint-Nazaire. Ce site est spécialisé dans l'assemblage, l'équipement et les essais des fuselages avant et centraux des Airbus.

Livraison par l'avion de transport Beluga.

La presqu'île de Guérande

Presque une île… Une façade océanique joliment découpée et des terres humides, baignées d'eau douce et salée, quadrillées de canaux et d'étiers. Ici, l'on vient pour les bains de mer et la pêche à pied et là, on apprend le sel et l'univers secret du marais. La presqu'île de Guérande joue avec les couleurs. Bleus, les caprices de l'Atlantique. Blancs, les tapis de sel des marais de Guérande. Verts, les canaux silencieux de la Brière. Un voyage tout en nuances dans le pays des pêcheurs, des paludiers et des Briérons. À chacun son métier, à chacun sa tradition.

Page de gauche
Les marais salants s'étendent sur une superficie de 2000 ha répartie en deux zones : l'une, autour du Traict du Croisic, l'autre, au-delà du coteau guérandais. Aujourd'hui, environ deux cent cinquante paludiers y travaillent, qui récoltent 12 000 tonnes de sel par an.

C'est à Saint-Marc-sur-Mer, commune de Saint-Nazaire, que Jacques Tati tourna *Les Vacances de Monsieur Hulot*. Depuis 1999, la statue du célèbre vacancier, œuvre du sculpteur Emmanuel Debarre, surplombe la plage.

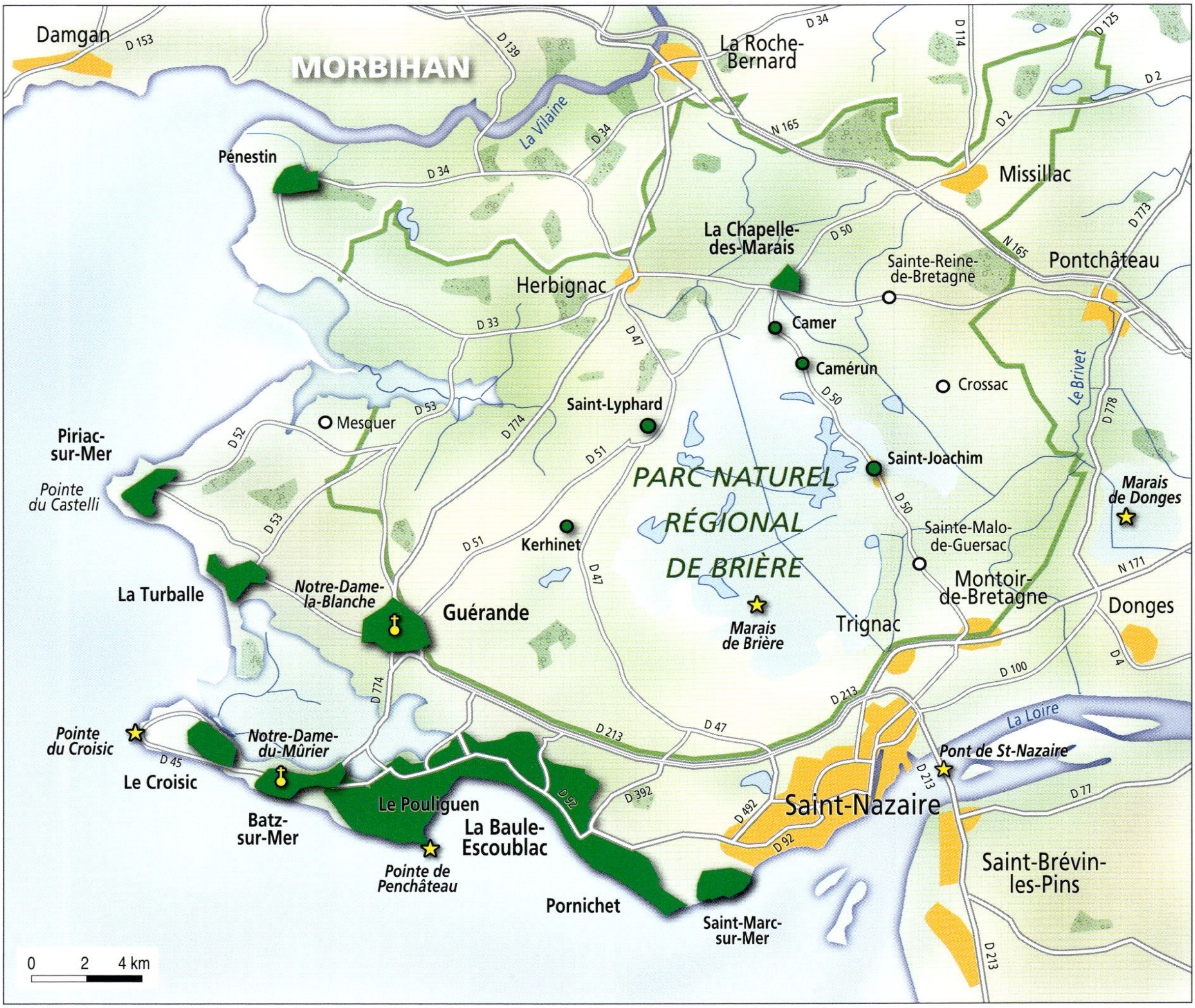

La Côte d'Amour

Entre Loire et Vilaine, la presqu'île de Guérande étire des kilomètres de côtes qui, entre ports de pêche et stations balnéaires, se refusent à la monotonie. Les longues plages de sable doré semblent s'être entendues avec les criques abritées ; c'est à chacune leur tour, et les éperons rocheux sont là pour arbitrer le jeu. Kerloupiot, Belle-Fontaine, Petite-Vallée… Les vingt plages de Saint-Nazaire se succèdent jusqu'à Pornichet, rocheuses et encaissées, puis de plus en plus longues, comme paresseuses à l'approche du soleil de midi. Le sentier côtier permet de les longer à pied sur 7 km, et la route serpente à l'ombre des pins et des chênes verts. Clin d'œil à Monsieur Hulot à Saint-Marc-sur-Mer, où ce tendre hurluberlu passa ses vacances sous la caméra de Jacques Tati en 1951.

Entre les ports de Pornichet et du Pouliguen, un ruban de sable fin exposé plein sud : la baie de La Baule s'étire sur 8 km. Sa renommée n'est plus à faire et attire les foules depuis la fin du XIXe siècle. L'euphorie de la Belle Époque s'est éteinte, et le front de mer a perdu ses villas de pierre aux coquets perrons et balcons de bois. C'est sous les pins qu'il faut aller les chercher, dans les avenues dont le tracé rappelle la fantaisie des premiers promoteurs. À l'inverse des percées ombragées de M. Darlu, droites et perpendiculaires à l'avenue du Général-de-Gaulle, celles de M. Hennecart serpentent à travers les dunes, à la rencontre de somptueux

Le front de mer de La Baule compte encore quelques belles demeures anciennes.

chalets de villégiature. L'un a choisi les arbres et l'autre a préféré les oiseaux. Les avenues ont emprunté leurs noms aux acacias ou aux sorbiers, aux cormorans ou aux pluviers. Des quartiers à découvrir en flânant, à pied ou à vélo, sur les tapis d'aiguilles de pin. L'avenue des Lilas est l'axe principal du quartier Benoît, et de coquettes allées se faufilent en direction de la mer. Soucieux du confort du promeneur, ce M. Benoît prit soin de planter de larges rangées d'arbres pour protéger les fragiles épidermes du soleil et interdit le passage des bicyclettes en installant un tourniquet au bout de chaque allée. Si, aujourd'hui, les villas n'ont plus les pieds sur le sable, une esplanade réservée aux piétons continue de préserver le calme résidentiel du quartier. Une jetée et une plage de l'autre côté : le port du Pouliguen ferme la baie de La Baule. Promenade sur les quais et arrêt à la chapelle Sainte-Anne en direction du bois de Penchâteau. Ne pas hésiter à emprunter les étroits passages qui tombent sur la plage. Paisible, elle se termine par une ceinture de rochers, les premiers de la côte sauvage.

Page de gauche, en haut et en bas
La baie de La Baule, lieu de villégiature estivale.

De La Bôle à La Baule-les-Pins

Fermer les yeux et effacer les habitations sur le front de mer, le front de mer lui-même, et remplacer le tout par une vaste prairie inondable : La Bôle. Imaginer la baie battue par les vents et un village menacé par les dunes qui s'avancent dans les terres : Escoublac.
En 1779, une tempête impitoyable enfouit le petit bourg sous le sable. Que faire ? Planter des arbres. À partir de 1845, les sociétés Berthault et Benoît acquièrent des hectares de dunes et couvrent le territoire de pins et de chênes verts. Un nouveau paysage se dessine ; les habitants d'Escoublac n'auront plus à reculer et la baie est ainsi protégée des vents du nord. À cette époque où les séjours au bord de la mer sont déjà en vogue à Pornichet, au Pouliguen et au Croisic, l'aubaine est belle pour l'investisseur aux aguets. Tout est à faire sur le territoire encore vierge de La Bôle... Mieux encore, voici le chemin de fer qui traverse la presqu'île guérandaise jusqu'au Croisic (1879). Une gare et des hôtels à sa porte, une grande avenue qui offre les premières boutiques et l'océan en fond de tableau. Multiplication des chalets sur le front de mer, ombrelles et costumes d'alpaga au Café de l'Océan, concours d'élégance automobile et mondanités au casino : à la fin du XIXe siècle, La Baule partage les fastes de Biarritz ou de Deauville. Grâce à une poignée de dunes, de pins et de chênes verts.

Plage de La Baule.

Du Pouliguen au port du Croisic, la côte sauvage est percée de grottes. Ci-dessus, la grotte des Korrigans.

Côte sauvage et ports de pêche

De la pointe de Penchâteau au Croisic, la côte se montre sauvage sur 18 km. C'est un chapelet de criques que l'on surplombe du haut des falaises, depuis l'ancien chemin des douaniers ; une vingtaine de grottes percent la roche. On les dit de Velours, de Pierre-Plate ou des Korrigans. On les fréquente pour jeter sa ligne, on leur attribue des légendes. Une côte à découvrir à pied ou à vélo, et les gifles du vent sont de celles que l'on accueille avec le sourire. À l'entrée du port du Croisic, l'Océarium propose de découvrir l'univers marin de la région et d'ailleurs, de l'Afrique du Sud à l'Australie.

À partir du Croisic commence la « Route des coquillages ». Moules de bouchots, parcs à huîtres, coques et palourdes se répartissent en différents

Explorations multiples à l'Océarium du Croisic

Requins d'Australie.

Lieu de résidence de deux mille spécimens aquatiques de cent cinquante espèces différentes, l'Océarium est un formidable centre pédagogique et un laboratoire de recherches renommé ; il participe chaque année à des actions menées dans le but de préserver des zones d'estran et de contribuer à la sauvegarde d'espèces menacées.
On peut commencer la visite par le bassin tactile et faire connaissance avec les palourdes, les crabes et autres coquillages et crustacés de la côte toute proche. Puis, on part en exploration dans les nombreux univers aquatiques de l'Océarium : l'Atlantique, bien sûr, où cohabitent dorades argentées, grondins, saint-pierre... ou bien les tropiques qui ont vu naître ces poissons aux mille couleurs, venus des Caraïbes, du Sri Lanka ou d'Indonésie. On se laisse surprendre, on s'émerveille devant un gracieux ballet de méduses, ou quand apparaît soudain le rarissime poisson-lune ou la silhouette d'une tortue.
Requins taureau, pointe noire, gris ou nourrice... évoluent dans un aquarium de 18 m de long, quand, un peu plus loin, déambule une joyeuse colonie de manchots. Ici un plongeur ? Il nourrit quotidiennement, à la main, quelques-uns des résidents du Grand Tunnel : deux cents spécimens, dont raies, squales, bars, mérous..., cohabitent dans ce volume de 300 000 litres d'eau de mer. Il en faut beaucoup moins pour les bébés homards ou les minuscules hippocampes de la nurserie..., où sont aussi mis à disposition des microscopes permettant d'observer la vie dans une goutte d'eau.

Entièrement transparent, ce tunnel de 300 000 l d'eau de mer héberge deux cents spécimens, qu'un plongeur vient nourrir.

À la Maison de la pêche de La Turballe : baudroie (ci-dessous), sardinier (ci-contre).

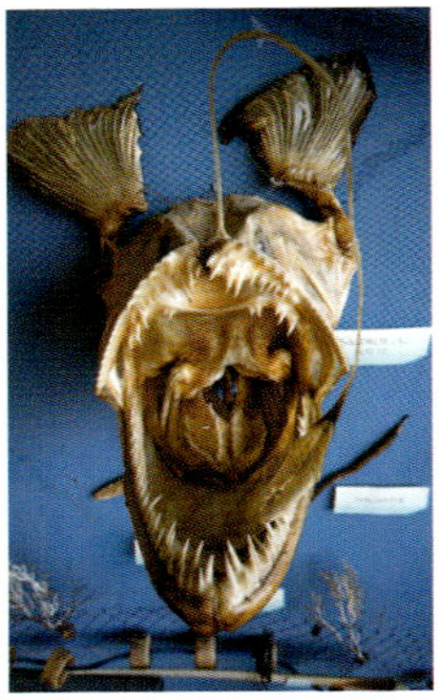

bassins de production le long du littoral jusqu'à Pénestin, et cette route touristique part à la rencontre des professionnels qui ouvrent leurs exploitations aux visiteurs. Cris de mouettes et coups de bec : Le Croisic et La Turballe connaissent l'éternelle magie des retours de pêche. Crustacés constituent la spécialité du premier ; sardines et anchois, celles du second. C'est à La Turballe en 1824, à l'initiative de l'industriel nantais François Deffès, que les sardines sont mises en conserve pour la première fois. Baignées d'huile d'olive dans leur boîte de fer-blanc, les petits poissons d'argent font la fortune du port, qui s'affirme très vite comme l'un des premiers de la région. Poisson blanc et

Le Croisic.

poisson bleu sont pêchés au chalut, déchargés et pesés à la criée dès leur arrivée à quai. Une galerie permet aux visiteurs d'assister à la vente et, située au-dessus du Centre des marées, le musée la Maison de la pêche invite à découvrir l'épopée de la pêche à la sardine et les différentes pratiques de pêche d'hier à aujourd'hui.

Entre ces deux ports, la dune de Pen-Bron offre sa longue plage de sable blond. Au nord de la pointe du Castelli, Piriac-sur-Mer est l'une des dernières stations balnéaires de la Côte d'Amour, dont l'air iodé et revigorant fut vanté par d'illustres visiteurs tels Balzac, Zola ou Flaubert. Les noms des places et des ruelles du bourg, les légendes de la côte ne sont pas sans rappeler ses origines bretonnes. Merquel, Quimiac, Mesquer, Kercabellec, Assérac... Un vent souffle bel et bien sur l'Armorique et s'engouffre dans les petits ports. Pointes et plages ourlent le littoral jusqu'à l'estuaire de la Vilaine en Morbihan. Un itinéraire chargé d'embruns et de grand air. Un itinéraire dont on ne se lasse pas : la mer n'y est jamais la même.

Port et village de Piriac-sur-Mer.

Les dunes de Pen Bron à La Turballe.

Ci-dessus et ci-dessous
Derrière les portes fortifiées de Guérande, la collégiale Saint-Aubin.

Page de droite
Marais salants de Guérande.

Au pays du sel

Une ville médiévale cernée de murs et, à ses pieds, un jardin blanc, un savant damier de terre et d'eau modelé par plus de mille ans de travail et de patience. L'eau, le soleil et le vent unissent leurs forces et s'offrent au paludier, maître des lieux et habile gestionnaire du temps.

Guérande siège au centre de la presqu'île. Bretonne dans l'âme, bretonne dans la pierre de ses remparts dont l'édification est amorcée par Jean de Montfort en 1343, elle s'est nommée Uuenran, puis Gwen Ran – « Pays blanc », celui du sel ; « Terre bénie » ou « Terre sacrée » voulait peut-être dire le breton. Si le sel n'est pas lié à l'origine de son nom, il en fit en tout cas sa fortune pendant des siècles. Longs de près de 1 500 m, les remparts ferment la ville close, flanquée de onze tours et percée de portes campées aux quatre points cardinaux. La plus ancienne est la porte Vannetaise édifiée en 1343, au nord. À l'est, la porte Saint-Michel, véritable logis fortifié abritant le musée du Pays de Guérande, constitue l'entrée principale ; et, si l'on veut éviter le flux du tourisme estival, on peut préférer l'entrée sud par la porte de Saillé. Souvenir des foires et des marchés, ici se trouvait un poste d'octroi. Ici, la petite rue Sainte-Catherine rejoint la rue du Tricot qui, au nord, conduit au cœur de la ville close, à la chapelle Notre-Dame-la-Blanche et la collégiale Saint-Aubin, encerclées de maisons à colombages et de belles demeures de granit. Une promenade sur le chemin de ronde offre un point de vue sur la ville.

Ci-dessus, à gauche et au milieu
Faune et flore le long des étiers.

Ci-dessus, à droite
Au cœur des marais salants, Terre de sel est la vitrine de la coopérative « Les salines de Guérande ». Cet espace de découverte propose expositions, vente du sel et dégustation, randonnées accompagnées, visites guidées thématiques dans les marais salants.

Étiers et salines s'étendent au sud-ouest de Guérande. Pyramides blanches, paniers et brouettes sur le bord des œillets. Pieds nus, un homme tire le las (sorte de râteau à très long manche) sous le soleil de juillet. Sur les petites routes qui relient Guérande à Batz-sur-Mer, c'est en été que l'on assiste à la récolte du sel. Une halte à Terre de sel à Pradel permet de comprendre les techniques de récolte dans les marais. Des bâtiments en bois, tout de noir revêtus, en pierre pour les plus anciens : ce sont les salorges, où est stocké le sel à la fin de la saison. Des petites plantes sur les ponts argileux des œillets : ce sont les salicornes, vertes et charnues, qui, longtemps considérées comme les mauvaises herbes du marais, ont pris

100 % naturel

Avec les grandes marées, l'eau de mer s'infiltre dans le labyrinthe des marais, de canaux en étiers, jusqu'à la vasière puis au cobier, des bassins creusés dans l'argile au tour d'eau, aux fards et aux adernes. Les œillets sont les derniers bassins de son voyage. Là, le sel se cristallise et est récolté dans une fine couche de saumure de 2 cm. La récolte du sel ne date pas d'hier en presqu'île guérandaise. Si l'actuelle technique solaire fit son apparition au IXe siècle, on récoltait déjà le sel à l'âge du fer selon la technique ignigène (*ignis*, feu), qui consistait à chauffer de l'argile dans des fourneaux jusqu'à cristallisation.
De l'eau de mer au traditionnel pot en grès, le sel de Guérande ne subit aucun traitement chimique. Gris, en raison du fond argileux des œillets, c'est le gros sel, utilisé pour la cuisson, le court-bouillon et le pot-au-feu, formant une croûte qui enveloppe un poisson au four. Plus fine, la fleur de sel est « cueillie » à la surface de l'eau et reste immaculée ; ses cristaux humides et friables ajoutent une délicate saveur aux aliments les plus simples. La fleur de sel est plus noble et plus rare : environ 80 kg de fleur de sel par œillet et par an, contre 1 550 kg de gros sel.

place sur la table, macérées dans du vinaigre comme les cornichons ou cuites à l'eau comme les haricots verts. Et plus jolies encore en octobre, dans leurs pigments rouges qui annoncent l'automne.

Un toupet de plumes sur la tête et des pattes démesurées... Le héron cendré est l'une des cent quatre-vingts espèces d'oiseaux qui fréquentent les marais et trouvent une nourriture très variée dans les traicts, les vasières et les salines. En bordure de ce riche univers naturel, site classé depuis 1996, Kervalet est sans aucun doute le plus typique des villages paludiers. Caractéristiques de l'habitat local, ses maisons sont en granit ou blanchies à la chaux, serrées les unes contre les autres pour se défendre des vents de suroît. Leurs portes travaillées et leurs lucarnes à fronton témoignent de la richesse du village au XVIIe siècle. Autour de sa petite chapelle dédiée à saint Marc, le village entier vivait alors du commerce du sel. À Saillé, à quelques kilomètres à l'est, la Maison des paludiers, installée dans une ancienne chapelle, est un précieux lieu d'exposition et d'information sur la complexe exploitation des marais.

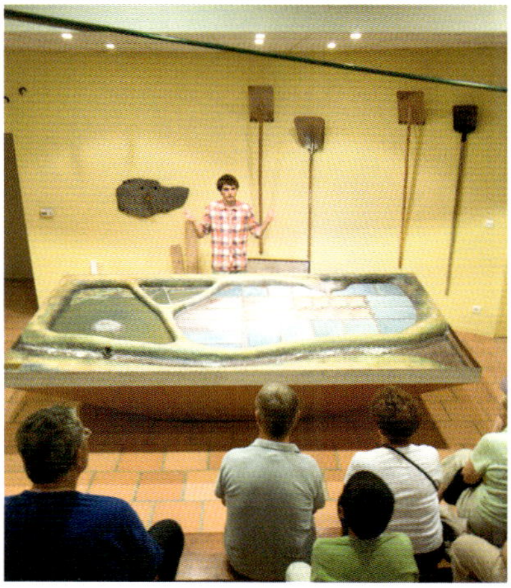

La Maison des paludiers, à Saillé.

Guy Le Quen, paludier à Guérande.

Hameau de Kervalet, à Batz-sur-Mer.

Page de droite
Embarcadère sur l'île Fédrun.

Batz-sur-Mer allie le charme de la côte à celui de la pierre. En grande partie du XVe siècle, l'église Saint-Guénolé, patron des paludiers, se dresse aux côtés des ruines de la chapelle Notre-Dame-du-Mûrier. Devenue station balnéaire après l'arrivée du chemin de fer, Batz-sur-Mer n'oublie pas pour autant son or blanc que fut le sel. Un œil sur les marais salants et l'autre sur la mer, la tour de l'église embrasse les environs du haut de ses 60 m. Les mules ne sont plus chargées de sacs de sel, mais le paysage demeure, fidèle à lui-même et aux traditions d'antan. Une ascension au clocher permet de mesurer l'étendue de cette richesse naturelle.

Le grand blockhaus de Batz-sur-Mer

C'est un authentique poste de commandement du mur de l'Atlantique, l'un des plus grands blockhaus jamais construits : cet ancien poste de tir ouvre ses 300 m² scénographiés à la visite. Des reconstitutions vivantes, des maquettes et des projections vidéo invitent à découvrir l'univers d'un bunker. Du sous-sol jusqu'au dernier niveau situé à 28 m au-dessus du niveau de la mer, la visite traverse notamment les trois chambrées du sous-sol, la salle des machines, une petite infirmerie, les différents postes d'observations... Les cinq niveaux sont accessibles. Découvrir cet espace, c'est aussi plonger dans l'incroyable histoire de la poche de Saint-Nazaire, zone de résistance allemande à la fin de la Seconde Guerre mondiale.

Le Grand Blockhaus.

Secrets de Brière

À l'est, Guérande pousse la porte de la Brière. Deuxième marais de France après la Camargue, les marais de Brière s'étendent sur 20 000 ha. Marais secrets, marais distants. À deux pas de l'océan et pourtant si lointaine, la Brière est ainsi, renfermée sur elle-même et tapie dans le silence. Sans doute faut-il être Briéron pour la connaître tout à fait mais, en toute saison, elle se dévoile à l'étranger, ouvre les rideaux verts de ses canaux, les chemins de terre et les volets de ses chaumières. Des promenades en chaland au fil de l'eau et à vélo sur les routes partent à la rencontre des souvenirs et des traditions.

La Brière des îles

L'est de la Grande Brière mène une vie bien singulière. En choisissant d'habiter cette partie des marais, le Briéron est devenu insulaire. Depuis

La Grande Brière : un statut peu banal

La Butte-aux-Pierres.

Les marais briérons se divisent en deux parties. À l'est, les marais de Donges (7 800 ha) sont des prairies privées, drainées depuis le XIXe siècle pour l'élevage du bétail.
À l'ouest, la Grande Brière est parcourue par une centaine de kilomètres de canaux. Plans d'eau peu profonds appelés « copis » et « piardes », prairies inondables, buttes et roselières couvrent ses 6 700 ha. Le 8 août 1461, le duc de Bretagne François II décréta la Grande Brière « propriété de ses habitants ». Fidèle à la loi ducale, elle appartient encore aujourd'hui aux vingt et une communes qui sont gérées par une commission syndicale datant de 1838. Créé en 1970, le Parc naturel régional de Brière veille à la protection du patrimoine naturel et humain des 40 000 ha qu'il recouvre.

Chaumières sur l'île Fédrun.

La Chapelle-des-Marais au nord, après Camer et Camerun, la route serpente entre les roselières sur une petite dizaine de kilomètres jusqu'à Saint-Joachim et ses îles. Sept en tout. On les nomme Aignac, Ménac, Bais, Fédrun, Pandille, Brécun et Mazin. Fédrun, la plus grande de l'archipel et la plus visitée, est la parfaite illustration du mode de vie des îliens : un monde à part rythmé par l'eau et les saisons, un espace limité qu'il fallut penser et organiser. Au centre, c'est la gagnerie, surélevée et jamais inondée, où se trouvent les meilleures terres de l'île, réservées aux cultures vivrières essentielles. Autour, le long d'une route de ceinture, sont construites les habitations, accolées les unes aux autres, prolongées par les créniauds, où vivaient le cochon, une ou deux vaches et la modeste basse-cour. De chaque foyer, un passage se faufile à travers la levée, dernière parcelle de terre avant le marais, où l'on fait grandir un potager, où l'on stocke la tourbe pour se chauffer, à côté de la loge, qui abrite les outils de pêche et de chasse. Les seuls arbres de l'île se dressent en bout de ligne, solidaires contre le vent, le long du canal qui ceinture l'île, la curée. À chaque chaumière, un ponton où est amarré le chaland, fidèle compagnon du Briéron. Si les mœurs ont changé, si le Briéron ne vit plus des ressources du marais et si la tourbe ne brûle plus dans les foyers des chaumières, Fédrun porte le souvenir des traditions. De chaque recoin de l'île émane une couleur d'antan. 308 et 130 sont les deux numéros de porte à retenir. Le premier est celui de la Chaumière briéronne, qui laisse découvrir l'univers intime du Briéron. Le second est un voyage insolite dans cette grande tradition qu'était

celle du mariage. Des parures de noces faites de fleurs de cire, précieusement conservées sous un globe de verre et entourées de somptueux ornements chargés de mille et un symboles... Des fleurs confectionnées par des Briéronnes aux doigts de fée, veuves ou demoiselles mais jamais mariées, et exportées au-delà des frontières européennes. Environ cent cinquante de ces reliquaires sont exposés à la Maison de la mariée.

Au confluent du Brivet et du marais de Grande Brière, le hameau de Rozé se trouve sur l'île de Guersac, la plus grande et la plus élevée des îles de Brière. Le commerce de la tourbe en fit un important site portuaire au XIXe siècle. Point stratégique sur le plan hydraulique, il est équipé d'écluses en bois, restaurées côté Brière, remplacées par une vanne métallique sur le Brivet. La Maison de l'éclusier est aujourd'hui aménagée en musée de la nature et à proximité, entre prairies et roselières, la réserve naturelle Pierre Constant permet d'approcher l'avifaune du marais en se dissimulant dans les affûts prévus à cet effet.

Promenade en chaland avec Antoine Pattier.

Pont-de-Paille à Trignac.

Dolmen de Kerbourg, près du village de Kerhinet (ci-dessous).

Au sud, le canal de Trignac est le principal exutoire de la Grande Brière vers la Loire et des vannes assurent l'irrigation des marais. Des chalands équipés de mâts suspendent leur carrelet à l'arrivée de l'automne : le port de Pont-de-Paille est réputé pour la pêche au brochet, à la perche, au gardon et à l'anguille.

La Brière des terres

L'ouest de la Brière s'est installé sur le pourtour du marais. La terre est ici plus généreuse et l'on s'adonne essentiellement à l'agriculture. Les maisons se regroupent en hameaux, à la croisée des chemins, et les moulins et fours à pain témoignent de leur passé rural. Des sites mégalithiques furent découverts dans la campagne environnante, mais, croyances païennes pour l'Église, pierres tombées du tablier de la Vierge ou empreintes pétrifiées de Gargantua, nombre d'entre eux furent abattus au fil des siècles ou retaillés en forme de croix. Sépulture à couloir de 7,70 m de long, le dolmen de Kerbourg est le monument mégalithique le mieux conservé de la région.

De part et d'autre des allées fleuries du village de Kerhinet, dix-huit chaumières ouvrent leur porte au promeneur. Ici, l'on découvre un intérieur d'autrefois et une maison

Château de Ranrouët, forteresse médiévale à Herbignac, en bordure des marais.

des artisans, là c'est une auberge ou une galerie d'art. Jusqu'en 1975, le village s'écroulait sous le poids des ans, abandonné et oublié de tous. Sa restauration est alors entreprise par le Parc naturel de Brière, qui, fidèlement à la tradition architecturale briéronne, reprend tous les bâtiments sans exception. Kerhinet somnole pendant l'hiver, il est vrai, et les touristes foisonnent en été, mais le village aux dix-huit chaumières a retrouvé sa splendeur d'antan.

Au nord, l'église de Saint-Lyphard ouvre son clocher aux curieux et aux rêveurs, avant de regagner La Chapelle-des-Marais. Si la visite des différents sites de Brière n'a pas laissé le temps à la traditionnelle promenade en chaland, il est encore possible d'embarquer au port de Bréca, un site de choix avant de laisser la Brière s'envelopper de nuit.

Nombreux mais discrets

Héron cendré.

Difficile de les rencontrer au hasard d'une promenade… Les animaux de Brière fuiront sans doute au moindre bruit et attendront la nuit pour sortir de leur cachette. Peu de chance donc de croiser la fouine, l'hermine et le vison, ou encore la loutre qui, espèce menacée, trouve ici de bonnes conditions de maintien. Poissons blancs et carnassiers se partagent le cours du Brivet et des canaux. L'anguille est l'espèce migratrice la plus répandue, en tête de la gastronomie locale. Le printemps, période de nidification, est la saison la plus propice à l'observation des oiseaux. Fauvettes, busards, hérons, passereaux… font partie des quelque quarante espèces qui nichent et se reproduisent en Brière. Zone d'hivernage de nombreux canards et limicoles mais aussi refuge d'espèces rares et menacées, les marais se trouvent sur la grande voie de migration de l'Ouest européen.

12

Le pays de Retz

Au sud de l'estuaire de la Loire, aussitôt le pont de Saint-Nazaire franchi, l'ardoise disparaît des toits au profit de la tuile, les maisons ressemblent peu à peu aux maisons blanches de la Vendée voisine. La terre armoricaine s'arrête-t-elle à la Loire ? Le voyage continue à travers le pays de Retz, pays plat irrigué par un canal au nord, des rivières et des étiers. La Logne rejoint la Boulogne et la Boulogne rejoint le lac de Grand-Lieu. De cette extravagante flaque d'eau, l'Acheneau s'enfuit, prend le Tenu dans son lit et monte au canal de Buzay, qui rattrape celui de la Martinière, qui retrouve la Loire, qui se jette dans l'Atlantique… Le pays de

Page de gauche
Pêcherie le long de la Côte de Jade.

Plage de Saint-Brévin-les-Pins.

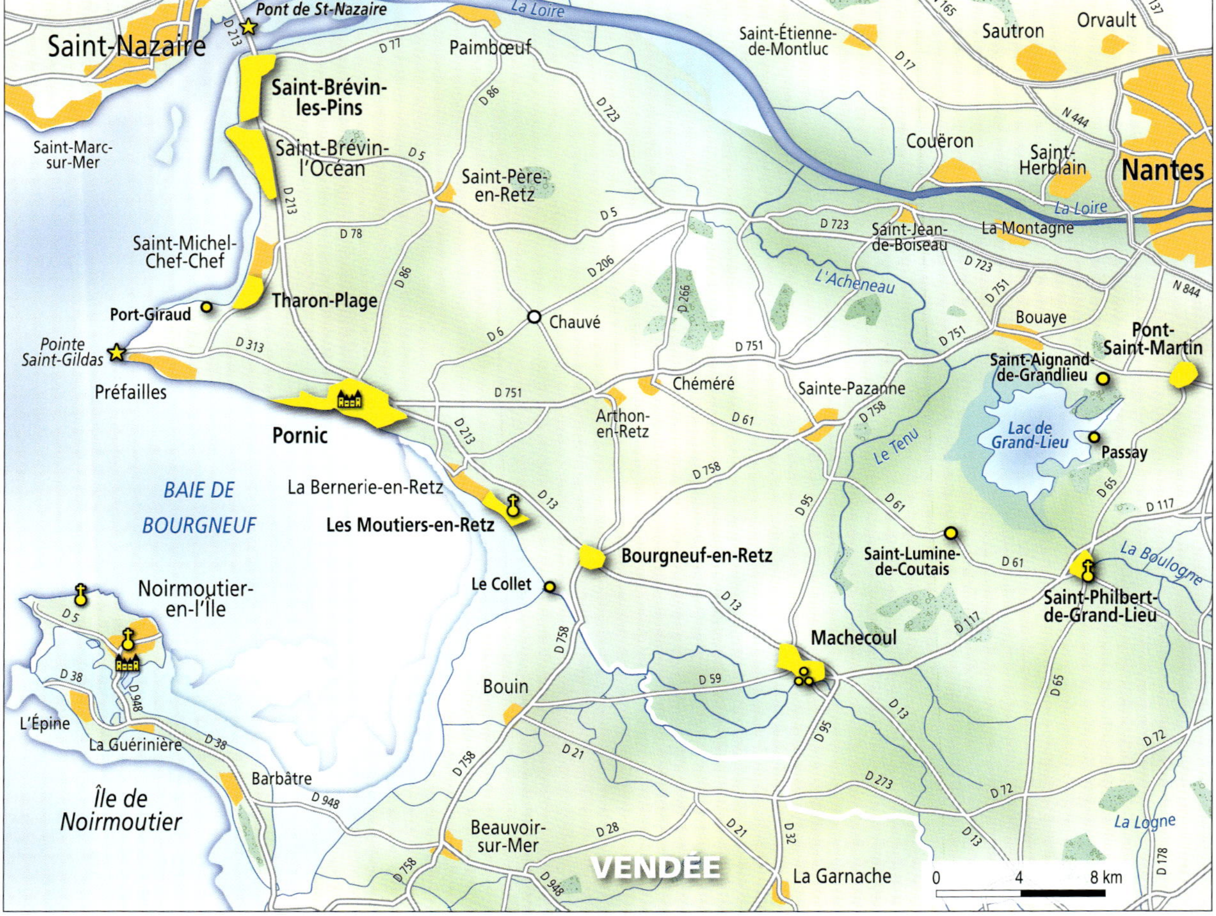

Retz est de toute évidence un pays d'eau. Des eaux douces, saumâtres et salées, que les pêcheurs, les bateliers, les négriers ou les pétroliers ont, un siècle ou l'autre, empruntées.

La Côte de Jade

Au nord de l'estuaire, elle est amour. Au sud, elle prend les couleurs des eaux qui la fouettent, c'est la Côte de Jade. Plages de sable, criques abritées, ports et pointes font une farandole de Saint-Brévin à la baie de Bourgneuf, une côte que l'on peut longer par le chemin des douaniers sur près de 50 km.

En pente douce jusqu'à Saint-Gildas

Après Mindin qui marque l'embouchure de la Loire, Saint-Brévin étire sa longue plage de part et d'autre de l'éperon du Pointeau. Cache-cache derrière les dunes et pique-nique sous les pins. La station aime les joyeuses colonies de vacances et les étés en famille. Quinze kilomètres plus bas, Tharon-Plage partage les mêmes goûts. Au-delà de son long ruban de sable, naissent les plaisirs de la pêche à pied dans les criques de la pointe de Saint-Gildas, où la côte est

plus découpée, plus sauvage ; les anses se succèdent, séparées par des rochers et des pointes, refuges fort convoités des coquillages et des petits crustacés. Si les bigorneaux et les berniques n'ont pas de résidence favorite, les palourdes tendent à choisir le sable de la Gravette ; les étrilles et les huîtres sauvages préfèrent les rochers de la Tara. Port-Giraud demeure le site le plus fréquenté pour la pêche aux moules les jours de grande marée. L'extrémité de la pointe de Saint-Gildas s'offre une vue grand-angle sur les côtes du département, de la presqu'île du Croisic à l'estuaire, de l'île de Noirmoutier à la baie de Bourgneuf. Poste de guet, le site est équipé d'un dispositif de surveillance et de signalisation afin de sécuriser la navigation :

Plage du Cormier à La Plaine-sur-Mer.

Le sémaphore à la pointe de Saint-Gildas.

Pointe de Saint-Gildas.

construit en 1865, le sémaphore est ouvert à la visite. Un espace muséographique retrace l'histoire maritime et militaire de la pointe, présente les techniques de signalisation des phares dont la lentille de Fresnel et évoque les naufrages, tel celui du *Lancastria* bombardé en 1940 dont l'épave gît à 20 milles au large de Saint-Nazaire.

Le port de Pornic.

Du latin *portus nitidus*, « port brillant »

Port de cabotage, spécialisé dans la pêche à la morue, puis engagé dans le commerce triangulaire, Pornic s'affiche comme station balnéaire au XIXe siècle, avec la venue des curistes à sa source ferrugineuse, puis des baigneurs qui se jettent à l'eau. La grande mode des bains de mer attire nombre de familles nantaises, d'artistes parisiens, peintres et écrivains, en quête d'iode et de grand air. George Sand, Gustave Flaubert et Renoir ont contribué à la rendre célèbre. Petit port abrité derrière la silhouette de son château qu'habita le terrifiant Gilles de Rais, Pornic est aussi une haute ville, autrefois fortifiée, quartier des notables, des halles, de la mairie, de l'église ; au XVIIIe siècle, seuls des escaliers taillés dans la falaise permettaient de descendre sur les quais. De l'autre côté du port, la Côte de Jade poursuit son chemin par la corniche de Gourmalon. Pas de grands immeubles qui prennent tout le soleil, mais des villas à l'ombre des pins et des chênes verts, des maisons de famille que l'on garde au chaud, à l'abri des promoteurs. La Source, La Birochère, La Fontaine-aux-Bretons ou l'anse de Crève-Cœur… Les plages continuent d'étendre leur tapis doré.

À partir des Moutiers-en-Retz, de petites routes serpentent à travers d'anciens marais salants jusqu'au petit port du Collet. Les kilomètres de vase qui forment le fond de la baie de Bourgneuf se perdent dans l'horizon. Plaque tournante en Europe au XVe siècle, Bourgneuf-en-Retz et Le Collet vivent longtemps du sel de leurs marais qu'ils exportent dans les ports de la Baltique. En échange d'oranges et de laines, les navires venus de péninsule Ibérique et d'Irlande repartent avec des barriques de harengs fumés pour les besoins du

Le château de Pornic.

carême. L'économie est alors florissante, mais, avec l'envasement de la baie, les ports ne sont plus accessibles et les navires vont désormais chercher leur sel à Brouage. Les marais salants de la baie de Bourgneuf tombent dans l'oubli, mais quelques-uns sont aujourd'hui à nouveau ouverts.

L'économie a trouvé un autre souffle dans l'ostréiculture. La route touristique de l'huître descend le long de la baie qui compte 1 000 ha de parcs ; elle conduit aux pittoresques ports du Bec qui marquent la limite entre le département de Loire-Atlantique et celui de Vendée.

Marée basse au port ostréicole du Collet, aux Moutiers-en-Retz.

Sur une cinquantaine de lanternes des morts existant en France, seule celle des Moutiers, au pied de l'église Madame, est toujours en service.

Page de droite
Fête annuelle qui se tient à Passay, aux alentours du 15 août.

La porte du Marais breton

Le temps est loin où la mer baignait le port de Machecoul. La côte suivait un tout autre tracé ; c'était dans l'Antiquité. Puis la Loire a déposé ses alluvions et envasé la baie, donnant ainsi naissance à celui qui, entre Loire-Atlantique et Vendée, s'appelle le « Marais breton ».

Les plages des Moutiers-en-Retz clôturent le chapelet de la Côte de Jade. Parmi les plus anciennes de la région, cette petite ville abrite un rare édifice du XIIIe siècle : une lanterne des morts, haute de 7 m et surmontée d'une croix, allumée chaque fois qu'un décès survient et le soir de la Toussaint.

Disciple du diable

À Machecoul, ancien port de la baie de Bourgneuf dans l'Antiquité et porte du marais breton, un château dresse ses ruines, l'une des nombreuses propriétés de Gilles de Rais, construit entre le XIIe et le XIVe siècle. Né à Champtocé en novembre 1404, ce puissant seigneur de Bretagne possédait autant de châteaux que le duc lui-même, des châteaux maudits tachés du sang de ses crimes, dont, en Loire-Atlantique, celui de Pornic, de Machecoul et l'hôtel de Suze à Nantes. Maréchal de France après avoir combattu aux côtés de Jeanne d'Arc, honoré des « orles de lys », la plus haute distinction royale, il revient habiter à Machecoul à la mort de sa compagne d'armes, dilapide sa fortune en menant une vie de faste et de débauche. Ici commence la réelle histoire du fictif Barbe-Bleue. Ruiné au point de vendre ses biens au duc de Bretagne et à l'évêque de Nantes, il trouve dans la sorcellerie et la magie noire la recette pour fabriquer de l'or : offrir au diable du sang pur, le sang de jeunes enfants. Quoi de plus simple pour ce baron fou ? Entre cent et deux cents enfants, attirés dans ses châteaux par la promesse de devenir pages, sont égorgés jusqu'à ce que l'assassin soit découvert et écroué au château de Nantes le 19 septembre 1440. Son haut rang lui valut de ne pas être brûlé vif, mais de mourir pendu avant de passer sur le bûcher.

Ruines du château de Machecoul.

Autour du lac de Grand-Lieu

Qui croit aux légendes entendra carillonner les cloches d'Herbauges le soir de Noël car, au fond du lac de Grand-Lieu, sommeille une ville engloutie : la rumeur bat la campagne du pays depuis le VIe siècle. Le lac de Grand-Lieu en porte le mystère sur ses eaux tranquilles.

Ses crues hivernales en font le plus grand lac naturel de France. 6 000, 7 000 ou 8 000 ha… Son périmètre varie autour de 65 km en hiver contre 42 pendant la saison estivale, qui le voit se rétrécir telle la peau de chagrin et revenir à ses 3 500 ha initiaux. Le lac de Grand-Lieu se trouve au cœur d'un système hydraulique qui irrigue le pays de Retz. Au sud, deux rivières venues de Vendée l'alimentent : l'Ognon s'y déverse à Pont-Saint-Martin et la Boulogne, grossie de la Logne, le rejoint dans les marais de Saint-Lumine-de-Coutais. Au nord, l'Acheneau et le Tenu assurent son exondation vers la Loire par le canal de Buzay puis celui de la Martinière.

La légende du lac

Lac de Grand-Lieu.

Pauvre saint Martin n'en peut plus d'évangéliser le peuple d'Herbauges… À bout de forces après maintes tentatives restées vaines, il s'en remet à Dieu et le supplie de l'aider dans sa mission. La nuit de Noël de l'an 555, un ange le sort de son profond sommeil et lui rapporte les propos du Tout-Puissant : « Ma patience est à bout et le peuple d'Herbauges va bientôt entendre ma vengeance. Quitte la cité dès demain mais sous aucun prétexte tu ne te retourneras… » Accompagné de ses hôtes, Romain et son épouse, saint Martin obéit et prend la route pour Nantes dès le point du jour. À peine ont-ils quitté les murs de la ville qu'un épouvantable chaos surgit derrière eux. Imperturbables et obéissant aux ordres de Dieu, les deux hommes poursuivent leur chemin sans se retourner un seul instant. La femme de Romain, qui ne peut s'empêcher de tourner la tête, devient une insignifiante statue de pierre. Derrière eux, Herbauges disparaît peu à peu, engloutie sous les eaux qui sortent des entrailles de la terre… À la fois rongé par le remords d'avoir livré la cité païenne et effrayé par les eaux qui leur arrivent déjà aux genoux, saint Martin s'en remet au diable et le supplie de les aider à s'enfuir ; le courroux de Dieu lui fait trop peur pour le solliciter à nouveau. Un pont de pierre apparaît alors devant eux et les deux compagnons rejoindront Nantes, sains et saufs… Submergée par les eaux, Herbauges n'est plus. Du désarroi d'un moine et de la colère de Dieu est né le lac de Grand-Lieu.

Démonstration de pêche à l'anguille par les pêcheurs du lac, à l'occasion de la fête annuelle de Passay.

Où se cache-t-il ?

À moins de le survoler, il est tout à fait possible de traverser le pays de Grand-Lieu sans même soupçonner l'existence de son lac. Tapi derrière ses épais rideaux d'herbes et de roselières, le plus grand lac de France se laisse désirer… Inutile d'espérer le rencontrer au hasard d'une route ou de prévoir une douce promenade sur ses eaux incertaines : le lac a des humeurs et des exigences qu'il vaut mieux connaître avant d'échafauder des rêves ; il se laisse approcher en deux points bien précis.

À l'est, au village de Passay, sur la commune de La Chevrolière. Regroupées dans un dédale de ruelles autour de la petite place centrale, les maisons sont blotties les unes contre les autres, en avant du lac dont le niveau d'eau peut augmenter de 1,50 m en hiver et inonder les plus proches. Un chemin s'avance vers le lac. Barques, bosselles et viviers témoignent de l'activité traditionnelle du village : la pêche. Les pêcheurs de Grand-Lieu sont les seules personnes autorisées à naviguer sur les eaux protégées du lac. Le 15 août, néanmoins, il est possible d'embarquer avec eux pour une promenade. Une date à retenir, car c'est la seule fois dans l'année où cette incursion nautique est permise.

Pêche à l'anguille

À Passay, on est pêcheur depuis la nuit des temps. Pêcheur de père en fils jusqu'à la création de la réserve naturelle en 1980, qui limita le nombre de professionnels à quinze, puis à moins d'une dizaine. Regroupés au sein de la Société de pêcheurs du lac de Grand-Lieu, ils sont en quelque sorte « locataires » de l'État, qui gère le site. Les liens de parenté ne décident plus de l'entrée d'un nouveau pêcheur dans la société ; le vote est aujourd'hui seul arbitre. La plate et le verveux sont les compagnons de chaque jour : une embarcation en bois de chêne, noircie au goudron, pointue à l'avant et relevée en voûte à l'arrière. Si, pour parcourir de longues distances, le pêcheur hissait autrefois une petite voile rectangulaire sur des perches, sa barque est propulsée par un moteur depuis les années 1950. Les verveux, qui supplantent la bosselle, sont utilisés pour pêcher l'anguille. Constitués de nasses en filet maintenues ouvertes par des cercles de bois ou de plastique, ils sont posés sur le fond et maintenus par des piquets, remontés régulièrement, puis vidés dans des viviers placés en pleine eau. La Maison du pêcheur explique les traditions de pêche du lac à travers une exposition du matériel utilisé. Les pêcheurs du lac, équipés de douze verveux chacun (c'est la quantité maximale autorisée), sont habitants de Passay. Selon le temps, selon les vents, ils embarquent en solitaire sur les eaux du lac, qui pour eux ne recèlent plus beaucoup de mystères. L'anguille est leur gagne-pain. Poisson lunatique par excellence, elle se cache lorsque la lune est pleine et se jette dans les nasses des pêcheurs avertis lorsqu'elle est noire.

son nid ici et nulle part ailleurs en France, et les hérons cendrés constituent la plus grande colonie européenne. Ils convoitent les milieux inaccessibles que forment les roselières pour y nicher. Le site est classé sur l'ensemble du lac et de ses rives, et 2 700 ha sont réserve naturelle depuis 1980. Un site d'autant plus fragile qu'il est menacé. Le niveau du fond remonte de 2 cm par an et met la vie du lac en péril.

Ci-contre et ci-dessous
Réserve naturelle de 2700 ha, le lac de Grand-Lieu constitue l'une des plus importantes zones humides d'Europe, d'une richesse biologique incontestable.

Au nord, Les Pierres-Aiguës, à Saint-Aignan-de-Grand-Lieu. S'il est un « bout du monde », ce lieu-dit pourrait aisément prétendre au titre. Le long de la route en lacets, les maisons se font de plus en plus rares, les arbres plus serrés et là, à la limite des prairies, le véhicule ne peut aller plus loin. Au bout d'une longue allée de chênes invitant le promeneur à s'enfoncer sous sa voûte, ciel et eau se confondent. Seule l'église de Saint-Lumine-de-Coutais se dessine sur la rive opposée, rappelant du haut de son clocher que le lac est une bien belle largesse de la nature. Les limnanthèmes étalent leurs délicates fleurs jaunes à la surface de l'eau, au milieu des nénuphars et des châtaignes d'eau : un tapis fleuri de près de 1 800 ha. Le lac apparaît comme un vaste marais conquis par la végétation. Menthe aquatique, iris jaune, laurier royal... Envahies d'aulnes et de saules, les roselières bordent les 20 km de la côte ouest sur plus de 1 km de largeur. Véritables rives mouvantes, elles flottent sur plus de 10 m d'eau et de vase et oscillent avec les eaux, partent à la dérive quand les vents les entraînent. Canard chipeau, colvert ou siffleur, aigrettes, râles d'eau, busards des roseaux : plus de deux cent vingt espèces d'oiseaux connaissent le lac, pour s'y être arrêtés au cours de leurs longs voyages migratoires ou parce qu'ils en font leur lieu de résidence. La rare spatule blanche a choisi de faire

Ci-dessus et ci-dessous
L'abbatiale de Saint-Philbert-de-Grand-Lieu est une des rares abbatiales de l'époque carolingienne encore conservées en France.

À Saint-Philbert-de-Grand-Lieu

Des localités qui entourent le lac, Saint-Philbert-de-Grand-Lieu, au sud, est la plus importante. On pourrait se méprendre et se croire enfin sur les berges du lac mystérieux, mais c'est la Boulogne qui traverse la ville, aménagée en un plan d'eau dans l'une de ses boucles. Saint-Philbert respire la douceur de ces petites villes au bord de l'eau. Elle abrite ce joyau historique que constitue l'abbatiale dont l'histoire remonte au IXe siècle. La ville porte alors le joli nom de Déas. Chassés de leur monastère par les Normands, les moines quittent Noirmoutier en 836, transportant le sarcophage de saint Philbert, décédé sur l'île en 685. Pas moins de deux tonnes à dos d'hommes. Un pénible voyage jusqu'à Déas où, pour abriter leur saint, ils construisent, au sein de l'abbatiale qu'ils avaient édifiée petit à petit, une crypte entourée d'un déambulatoire de cinq chapelles permettant de se recueillir autour du tombeau. Dix années seulement s'écoulent dans la paix, jusqu'aux nouvelles invasions normandes qui les poussent à s'enfuir. L'abbatiale est en

moines avaient emportées à Tournus, terme de leur long exode, quarante ans après leur départ de Noirmoutier.

Autour de l'abbatiale, derrière l'ancien prieuré qu'occupe l'office de tourisme, les jardins invitent au repos. Errance entre les parterres de sauge, de romarin, de camomille et autres essences plus rares dignes de recettes monastiques. Découverte de la faune du lac de Grand-Lieu à la Maison du lac ou retour sur les rives de la Boulogne par le petit pont qui l'enjambe.

Le sarcophage de saint Philbert.

Inspiré du célèbre plan de Saint-Gall, le jardin du cloître regroupe des plantes médicinales et aromatiques ; un panonceau précise origines et utilisations.

partie brûlée, mais la crypte qu'ils avaient pris soin de murer sera retrouvée intacte au XIXe siècle. Classée monument historique en 1865, l'église abbatiale est restaurée au fil des ans. Fermée au culte au départ des derniers moines au XVIIe siècle, elle sert successivement d'entrepôt, de magasin de fourrage et de marché aux volailles jusqu'en 1936. Elle est aujourd'hui l'un des sanctuaires de l'histoire carolingienne les mieux conservés de France. Caractéristique de cette époque, l'alternance des briques et des pierres donne à l'ensemble une douce teinte ocre rose. Arcades du XIIe siècle de part et d'autre de la nef, pierre tombale du XVe et piliers de diverses époques dégagés à l'occasion de fouilles. Un dépouillement absolu, au cœur duquel, tout de marbre gris, le sarcophage de saint Philbert repose intact au sein de la crypte, séparé de ses reliques que les

Autour du canal de Nantes à Brest

Depuis Nantes, l'Erdre s'ouvre à la navigation sur une trentaine de kilomètres ; à mi-chemin entre Sucé-sur-Erdre et Nort-sur-Erdre, l'écluse de Quiheix la joint au canal de Nantes à Brest qui emprunte l'Isac, puis la Vilaine avant de poursuivre son chemin jusqu'à Brest. Creusé afin d'ouvrir une voie de navigation intérieure en Bretagne, celui-ci offre aujourd'hui un cadre reposant pour la promenade, à pied ou à vélo le long de ses chemins de halage, pour une navigation tranquille, d'écluse en écluse.

La vallée de l'Erdre

Depuis le centre de Nantes, la remontée de l'Erdre est un grand livre d'images. Des péniches sont amarrées devant les épais rideaux des saules en

Page de gauche
L'Erdre à Sucé.

L'Isac à Blain constituent un tronçon des 360 km du canal de Nantes à Brest.

pleurs, de timides reflets dans l'eau se déforment à l'approche d'un couple d'avirons. Ce bateau-lavoir, lui, joue avec le temps, dernier rescapé de la grande famille de ces bateaux dits « à laver », indissociables du paysage du XIXe siècle. Alors, les arbres prennent le pas sur la ville et les premiers manoirs apparaissent dans les trouées de verdure, puis les châteaux, les « folies nantaises » qui fleurirent sur les berges à partir de 1750. Enrichis par le commerce colonial et le trafic triangulaire, les nouveaux

L'embouchure du canal de Brest à Nantes. (Coll. Monique Sclaresky)

De Nantes à Brest : histoire d'un canal

C'est au XVIe siècle que l'on commence à songer à sa construction. Faute de financement, c'est au XIXe qu'il fait son entrée dans l'histoire. Ouvrir une navigation intérieure qui relierait les trois grands ports de Nantes, Lorient et Brest : face à l'ennemi anglais qui, en temps de guerre, balise les côtes bretonnes, face aux impitoyables courants du raz de Sein et aux routes impraticables, Napoléon est convaincu de l'intérêt de ce projet. Il faut trouver un moyen sûr pour approvisionner le port militaire de Brest, et le canal sera la solution. Les travaux de construction sont amorcés en 1811. Le projet est colossal quand on a pour seuls outils la pelle, la pioche et la brouette. Hommes, femmes et enfants de la région se jettent dans les tranchées, pour quelques sous et un morceau de pain noir. Les conditions sont rudes, malsaines et dangereuses ; beaucoup y laisseront leur vie. On va chercher la main-d'œuvre dans les prisons, on ouvre la porte aux condamnés. Ils sont prisonniers de guerre, prussiens ou espagnols, déserteurs et bagnards oubliés. Des camps sont construits, des infirmeries, des cachots... et des cimetières. Révoltes, épidémies et désertions : au prix de nombreuses pertes humaines, le canal prend forme au fil des ans. Suspendus à la chute de Napoléon, les travaux reprennent en 1822 avec la création de la Compagnie des canaux de Bretagne et de nouveaux financements. Il faut creuser des biefs, réaliser barrages, réservoirs et rigoles alimentaires, construire des maisons éclusières : 2 300 000 m^3 de matériaux, soit le même cubage utilisé pour l'édification de la pyramide de Chéops...
C'est en Loire-Atlantique, entre Nantes et Redon, que la première section du canal s'ouvre à la navigation. De Nantes jusqu'à Brest, il est finalement achevé sous Louis-Philippe en 1842. Trois cent soixante kilomètres de voie navigable ouvrent la route aux péniches qui assurent le développement du commerce et de l'économie de la Bretagne. Céréales, sucre et café, sable et vins de Loire, ardoises d'Anjou, charbon et bois de chauffage de la forêt du Gâvre, engrais et tourbe de Brière... Trente-cinq mille tonnes de marchandises sont transportées chaque année entre 1890 et 1914, période faste de l'histoire commerciale du canal. Arrivent alors le chemin de fer et le transport routier ; les chevaux lâchent la bride vers 1950 et signent la fin d'une époque. À Guerlédan, un barrage hydroélectrique coupe le canal en deux tronçons et les péniches disparaissent peu à peu de l'histoire, cédant leur place aux bateaux de plaisance et aux canoës.

nobles nantais affirmaient leur réussite sociale par l'acquisition d'un manoir à la campagne, leur « maison de plaisance » où se détendre et goûter aux charmes de la vie rustique. La folie est classique, flanquée d'ailes en retour ou de pavillons, et toujours agrémentée d'un parc. La Desnerie, en amont du Port des Charettes, et la Poterie, en amont de Port-la-Blanche, ancien village de pêcheurs, sont toutes deux des œuvres de Ceineray, l'architecte-voyer de Nantes. Si la Révolution met fin à la construction des folies, le XIXe siècle laisse libre cours à la fantaisie, et les rives de l'Erdre se peuplent de châteaux d'architectures éclectiques, qui sont autant d'hymnes au Moyen Âge, au classicisme ou aux styles régionaux, de la demeure normande au chalet autrichien. Si le château de la Chantrerie s'est inspiré de l'architecture classique des folies, la Couronnerie

Ci-dessous, à gauche
L'Erdre à Nantes.

Ci-dessous, à droite
À La Chapelle-sur-Erdre, le château de la Poterie.

mélange les styles gothique, Renaissance et Louis XIII. Défenseur du parc à l'anglaise, le paysagiste Noisette a dessiné les vastes parcs qui les entourent. Face à l'anse de Gachet, se dresse le château de la Gacherie, le plus ancien et sans aucun doute le plus majestueux des châteaux de l'Erdre, construit au XVe siècle et remanié au XIXe siècle. Depuis Nantes, l'Erdre se longe à pied jusqu'à Carquefou sur une quinzaine de kilomètres. Entre Sucé et Nort, elle s'élargit en deux vastes plans d'eau : les plaines de Mazerolles constituent un paysage de marais qui s'étend sur plus de 1 000 ha, un site naturel de grande importance où l'on recense près de cent quarante espèces d'oiseaux et plusieurs plantes protégées. En amont de Nort et de son étroite vallée verdoyante qui traverse le pays d'Ancenis, l'Erdre se lie à l'Isac à l'ouest. Le canal de Nantes à Brest franchit sa première écluse.

Château de la Desnerie à La Chapelle-sur-Erdre.

Ancienne minoterie à Nort-sur-Erdre.

Le Chêne aux clous, à Bonœuvre : on attribue à cet arbre plusieurs fois centenaire le pouvoir de guérir les furoncles.

La haute vallée de l'Erdre

On peut poursuivre la remontée du cours de l'Erdre, de Joué-sur-Erdre à Saint-Mars-la-Jaille. Pas de folies de ce côté d'ici, mais un patrimoine discret niché le long de ses berges : lavoirs, croix, moulins ou encore un pont romain. Au nord de cette douce vallée, trois étangs discutent entre amis. L'un parle de pêche et de métallurgie, les autres pensent à la plage, aux oiseaux ou au réseau hydraulique. Reliés par l'écoulement naturel des ruisseaux et par un canal artificiel, ils représentent plus de 250 ha d'eau. Des eaux dont l'homme s'est fait l'allié, pour le fonctionnement des forges à partir du XVIIe siècle et pour l'alimentation du long canal de Nantes à Brest.

• Le plus grand de tous : l'étang de Vioreau. Plus qu'un étang, il est le collecteur de tout le réseau hydraulique du secteur. Grâce à un barrage construit en 1835 et à un petit canal appelé « rigole alimentaire », il alimente de manière régulière le canal de Nantes à Brest. Plage, pêche, sentiers de randonnée, sports nautiques... Vioreau est le plus grand plan d'eau de Loire-Atlantique (180 ha) accessible au public.

• Celui du milieu : l'étang de la Provostière. Un sentier fait le tour de ses 75 ha permettant d'observer la flore, particulièrement riche, et les nombreux oiseaux qui l'habitent. Des bâtiments des XVIe et XVIIIe siècles témoignent de son passé métallurgique. L'étang est relié à l'étang de Vioreau par la « Rigole des Ajaux ». Ce petit canal, long de 4,500 km, offre de belles possibilités de randonnée entre étangs et forêts.

• À l'ouest : l'étang de la Poitevinière. Creusé en 1645 par des prisonniers espagnols de la guerre de Trente Ans, il fournit l'énergie nécessaire au fonctionnement de la forge installée sur sa rive jusqu'en 1875, boulets et lest en fonte étant destinés à l'armement du port de Nantes. L'étang de la Poitevinière est un domaine privé, et seule une partie est accessible aux pêcheurs. Une carte spéciale pour une pêche spéciale : elle se pratique la nuit, consiste à mesurer, peser, prendre en photo et remettre à l'eau le poisson que l'on a pêché... On la nomme la « pêche au trophée ».

Berges de l'étang de Vioreau, à Joué-sur-Erdre.

D'une rive à l'autre

À Blain, le long de l'Isac, le château de la Groulais. Construite en 1104 par Alain IV Fergent, duc de Bretagne, cette puissante forteresse devint l'illustre demeure des deux grandes familles qui ont marqué l'histoire du pays, les Clisson et les Rohan. Si les guerres et la Révolution lui font subir incendies et pillages, l'entre-deux-guerres lui promet des lendemains meilleurs. Racheté par le prince de Grèce et sa femme, Marie Bonaparte, il est restauré et retrouve sa splendeur. Aujourd'hui, seul le Logis du Roi est privé, converti en hôtellerie. Les parties du XIVe siècle, classées monuments historiques, accueillent diverses expositions. À quelques centaines de mètres du château, la chapelle Saint-Roch abrite une grande fresque du XXe siècle : plus de 100 m², selon la méthode traditionnelle *a fresco*, dont l'une des rares représentations de la Danse macabre parmi d'autres scènes de la vie chrétienne.

Ci-dessus et ci-contre
À Blain, non loin du château de La Groulais (ci-dessus), la chapelle Saint-Roch a offert ses murs à des fresques contemporaines.

Forêt du Gâvre.

Dans la forêt du Gâvre

À la porte de Blain, le cerf et la biche sont les fleurons du lieu et, si le sanglier ne fait que passer, renards, fouines, martres et blaireaux y ont établi leur résidence principale. Avec ses 4 457 ha, la forêt du Gâvre est le plus grand massif forestier de l'Ouest après la forêt de Brocéliande. Propriété du duché dès le XIIIe siècle et rattachée au royaume de France en 1491, elle est forêt domaniale depuis la Révolution.

À la fondation de la ville du Gâvre par les ducs en 1226, la population se voit accorder des droits d'usage sur la forêt qui vont malheureusement l'appauvrir. Occupée par l'agriculture et le pâturage sur plus d'un tiers de sa surface et négligée par le royaume français pendant trois siècles, elle sera finalement reboisée à partir du XVIIIe siècle. Contrairement aux forêts de la région de Châteaubriant organisées en taillis pour produire le bois de chauffage destiné à alimenter les forges, la forêt du Gâvre est traitée en futaie. Plus vieux, le bois est plus gros et de bonne qualité pour servir la construction des bateaux : jusqu'en 1900, sa production sera destinée aux arsenaux de Nantes, Lorient et Brest pour la Marine royale ; en 1992, la tradition ressuscite, deux chênes bicentenaires fournissant la quille de *La Recouvrance* pour le rassemblement de vieux gréements de Brest. Le hêtre ou le bouleau furent très longtemps utilisés pour la fabrication des sabots qui, jusqu'à la fin du XIXe siècle, étaient exportés en Amérique du Nord. Les sabotiers exerçaient leur métier dans la forêt, partant le lundi, musette sur l'épaule, pour ne revenir que le samedi. Installés dans une loge de bois, à proximité d'un puits, ils dégrossissaient le sabot dans un rondin de bois, l'ajustaient à la dimension souhaitée puis le creusaient afin de lui donner sa forme définitive. Ils fabriquaient environ vingt paires par jour, à deux sous la

Ci-dessous à gauche et à droite
À l'orée de la forêt du Gâvre, la ferme Saint-Charles produit toute une gamme de produits à base de pommes à cidre : jus de pomme, cidre, apéritifs à la pomme ou au coing, confiture, vinaigre de cidre...

Dans la chapelle de la Magdeleine d'Iff.

Le musée Benoist-Maison de la forêt dans le bourg du Gâvre.

paire pour les sabots de femmes et deux sous et demi pour les sabots d'hommes.

La forêt du Gâvre produit aujourd'hui entre 15 000 et 20 000 m^3 de bois par an. Les pins sylvestres et maritimes se partagent le secteur de la menuiserie et de la charpente. Essence dominante, le chêne donne un bois de très haute qualité réservé à l'ébénisterie, également prisé pour la fabrication de fûts.

Il est un lieu attachant dans le bourg du Gâvre, la « Maison du haut de la ville » comme l'appelaient autrefois les Gâvrais, ou la Maison de la forêt. Un écolier vient y chercher le nom d'un arbre oublié et le promeneur y trouve le champignon mystérieux qu'il ne savait identifier. Tous les secrets de la forêt sont dévoilés dans la chaleur d'une maison du XVIIe siècle. Dernière héritière de sa famille, Marie Benoist en fit don à la ville en 1976. Son souhait fut exaucé : sa demeure est un accueillant musée présentant, outre les richesses de la forêt à travers maquettes et bornes interactives, les innombrables souvenirs et collections de son père.

Les collections de Paulin Benoist

Notaire de métier, Paulin Benoist préférait battre la campagne plutôt que d'attendre les clients dans son étude guérandaise. En train ou à bicyclette, il parcourait la Bretagne et se laissait aller à sa passion de collectionneur. Morceaux de poterie, vierges en faïence ou haches en pierre polie : les objets s'entassent dans des caisses aux côtés d'objets d'Extrême-Orient rapportés par son oncle Pierre. Ils sont aujourd'hui rassemblés au premier étage de sa maison, devenue la Maison de la forêt, qui a gardé l'authenticité des années 1900 : une baignoire à fourneau de 1880 et les latrines d'origine, la panoplie complète des ustensiles de cuisine de l'époque ou, plus insolite, une collection de fers à lingots, une imposante cheminée en pierre de Nozay et de belles armoires abritant des collections de coiffes du Gâvre ou de vierges à l'accouchée (la bougie que portaient ces vierges était allumée lors d'un accouchement ; si, une fois consumée, le bébé n'était pas né, on courait chercher le médecin...). Outre un petit paradis de découvertes insolites, les souvenirs de Paulin Benoist offrent aussi un passionnant voyage dans le temps. Le grenier de la maison sent bon la paille et les métiers d'antan, les barattes à beurre et les presse-fruits en bois.

Intérieur du musée Benoist.

Des sentiers de randonnée pédestres sillonnent la vallée escarpée du Don, que l'on peut aussi découvrir au fil de l'eau, en canoë.

Plaisirs nautiques

Fégréac et Guenrouët jouissent toutes deux d'une situation privilégiée sur le bord du canal de Nantes à Brest, séparées de 11 km l'une de l'autre par le chemin de halage. Plus de chevaux sur ces chemins, les péniches de transport qu'ils tiraient ne sont plus qu'un souvenir et aux brumes hivernales se mêle la nostalgie d'une aventure trop brève. Installée à Pont-Miny, petit port de Fégréac, la Maison du canal est une halte nautique présentant une exposition très documentée sur le canal de Nantes à Brest, sur l'histoire de la batellerie et sur le fonctionnement des écluses. En amont, sur la berge sud, Guenrouët offre les plaisirs estivaux de sa base de loisirs. À son emplacement, un bac attendait autrefois les diligences qui voulaient traverser le canal. Elles venaient du relais de poste situé sur la place de l'église et descendaient le petit chemin pentu auquel elles ont légué le nom. Le chemin des diligences est aujourd'hui une agréable promenade entre le canal et le bourg, dont l'église fut victime des bombardements en 1944. Ses vitraux retracent les douloureux événements que traversa Guenrouët pendant la poche de Saint-Nazaire.

La vallée du Don

Autre rivière, autre vallée : de Marsac-sur-Don à Guémené-Penfao, le Don a creusé une vallée escarpée dans les schistes ardoisiers. Les châtaigniers ouvrent la route, sinueuse et encaissée, qu'accompagnent chapelles, moulins et rochers. L'étang de la Roche se tapit en contrebas, au pied des pins et des chênes. Rien d'extraordinaire à

Les fresques de la chapelle des Lieux-Saints relatent l'histoire et les légendes du site.

Tahun, lieu-dit situé quelques kilomètres plus loin, si ce n'est la clé de la chapelle des Lieux-Saints, que l'on prendra soin d'emprunter pour ouvrir la porte sur ses fresques intérieures. Du haut de sa butte, la chapelle surplombe la campagne environnante, sillonnée de sentiers de randonnée balisés. L'un d'entre eux part en direction de Conquereuil, au château de Pont-Veix. Privé, il ne se visite pas, mais son allée de chênes donne accès au vestige d'une voie romaine, un gué formé de dalles de schiste qui franchit le Don, et à une promenade de 3 km.

La route s'assombrit vers l'étang de la Vallée. Les chênes forment une imposante haie d'honneur et le Don a opté pour un lit à une place. Étroit cours d'eau, il se faufile tel un serpent jusqu'au château de Juzet. Là, c'est l'univers tranquille des poissons-chats et des gardons, des nénuphars et des lentilles d'eau au pied de l'ancien moulin à eau. À l'approche de Guémené-Penfao, le Don quitte son humeur sauvageonne et se dirige nonchalamment vers Massérac. Plus large, il crée sur son passage une zone de marais appelée « Mer de Murin ». Nombre d'oiseaux s'y plaisent et l'accompagnent jusqu'au bout de son voyage. Le Rocher du Veau offre un large panorama sur la vallée : le Don se jette dans le lit de la Vilaine et quitte la Loire-Atlantique pour le Morbihan.

Château et ancien moulin de Juzet.

Le pays de Châteaubriant

Il est en Loire-Atlantique un pays que l'on méconnaît. Trop au nord peut-être ou trop à l'est ? À l'écart des habitudes pédestres du dimanche après-midi ou tout simplement délaissé parce que la mer n'y est pas ? Connu sous le nom du « pays de la Mée », c'est-à-dire « pays du milieu », le pays de Châteaubriant peut être de ceux que l'on oublie, de ces terres discrètes qui taisent leur âme au voyageur pressé. C'est une campagne parsemée de forêts et d'étangs, qui racontent le temps révolu de la forge. C'est une croix de schiste au hasard des chemins, une haie de palis ou un linteau de porte de cette même pierre bleue qui habille uniformément le pays.

La pierre de schiste revêt de bleu la campagne, les villages et les monuments historiques du pays de Châteaubriant : le château de Châteaubriant (page de gauche) et une demeure à Juigné-les-Moutiers (ci-contre).

Animaux fantastiques sur la chapelle du château de Châteaubriant, construite aux XIIe et XIIIe siècles.

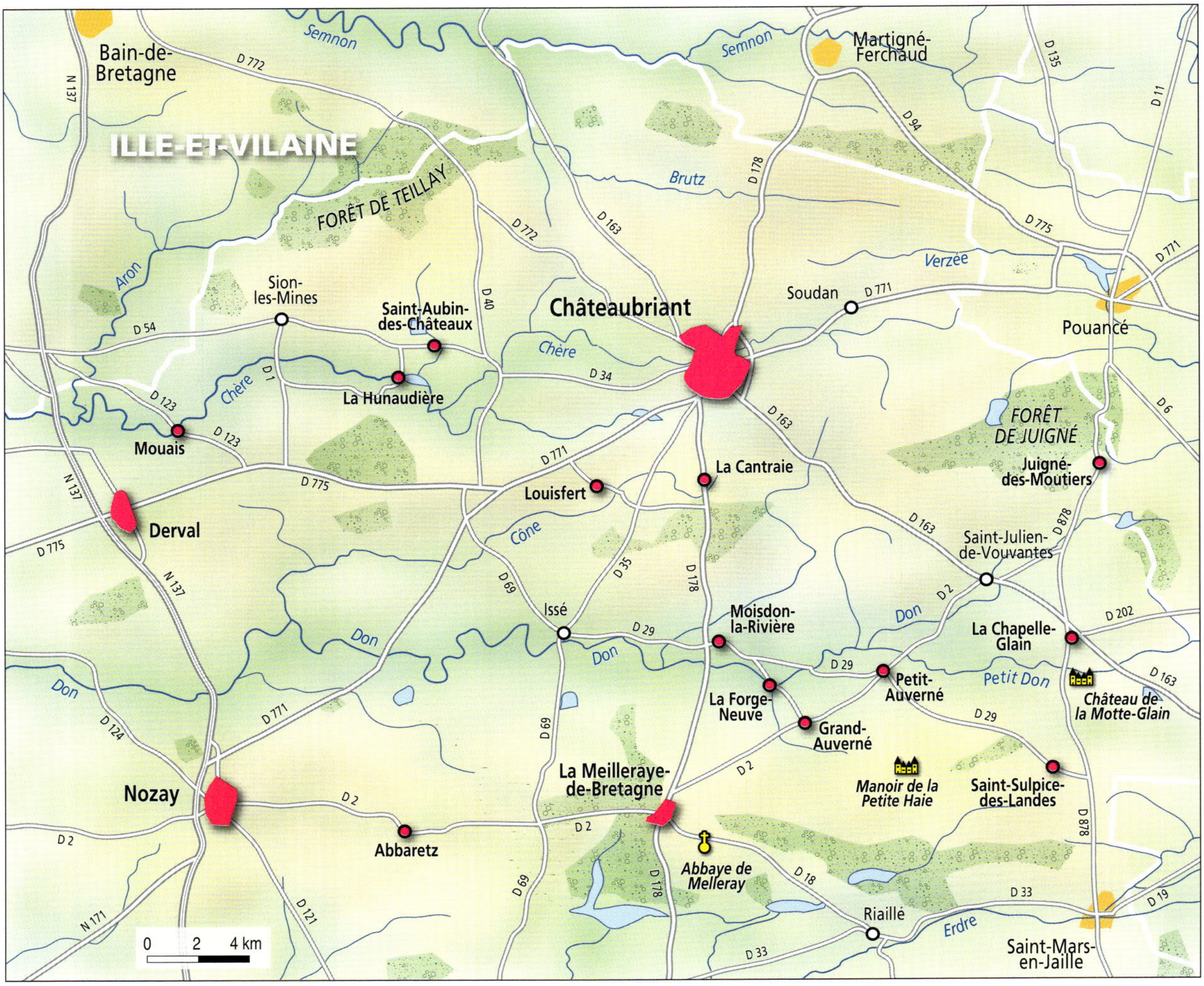

Châteaubriant

Au XIe siècle, le seigneur Brient, envoyé du comte de Rennes, commence l'édification de la forteresse, dont la mission est de défendre la frontière entre la Bretagne et la France. Dans ses murs de place forte, déchirée entre Rennes et Nantes, rivales devant le duché, Châteaubriant connaît de nombreux sièges, essentiellement à la fin du XVe siècle de la part des armées de France. C'est dans l'enceinte de ses murs que François Ier signe une partie des édits relatifs au rattachement de la Bretagne au royaume de France. Grand centre de commerce agricole depuis toujours, spécialisée dans la tannerie et dans les tissus de laine avant l'époque de défrichement des landes, puis centre européen de la charrue, l'ancienne capitale du pays de la Mée reste fidèle à ses activités. Elle accueille aujourd'hui l'un des plus grands marchés aux bestiaux de l'Ouest et perpétue la tradition de la foire de Béré depuis plus de neuf siècles.

Ci-dessus et ci-dessous
À Châteaubriant, dans la même enceinte, le château médiéval et le château Renaissance.

À pied dans la ville

Un château, mais plus exactement des châteaux, puisqu'ils sont deux dans la même enceinte : le château médiéval, place forte des Marches de Bretagne, en surplomb de l'étang de la Torche, et le château Renaissance, édifié par Jean de Laval, gouverneur de Bretagne de 1531 à 1542. Donjon, chapelle et grand logis d'un côté, voûtes et arcades, mariage de la brique et du tuffeau de l'autre : la visite est une promenade historique à travers les styles. Se visite, entre autres, la chambre dite « de Françoise de Foix », épouse de Jean de Laval et maîtresse du roi ; çà et là, surgissent des curiosités plus discrètes, tels le parvis de schiste de la chapelle médiévale, la silhouette de l'église romane Saint-Jean-de-Béré dans l'encadrement de la poterne d'entrée ou encore le potager, inattendu au creux des douves.

À la sortie du château, la Grande-Rue, prolongée par la rue de Couéré, est l'artère principale de la vieille ville. Deux bâtisses présentent un intérêt architectural : l'hôtel de la Houssaye, construit en 1769, et la Maison de l'Ange, du XVe siècle, dont la construction unit le schiste et le bois. Ce médaillon de schiste sur la façade rend hommage à Sophie Trébuchet,

Le château du XVIe siècle s'élève dans la cour sur les fondations de la courtine médiévale. Le logis de Françoise de Dinan est prolongé par les constructions de son petit-fils Jean de Laval.

Ci-contre, à gauche et à droite
Un escalier à vis en pierre de schiste conduit à la chambre dorée dite de Françoise de Foix (1495-1537), fille d'honneur d'Anne de Bretagne, épouse de Jean de Laval et maîtresse de François Ier. La légende veut qu'elle y fut séquestrée, puis assassinée sur ordre de son mari jaloux.

qui habita une maison voisine pendant la Révolution. Dans les petites rues adjacentes, des cours fermées incitent à se hisser sur la pointe des pieds pour surprendre quelques vieilles demeures cachées.

Le vieux centre de Châteaubriant.

De Châteaubriant jusqu'à l'abbaye de Melleray, deux itinéraires poussent les portes du pays de la Mée. L'un vers l'est et l'autre vers l'ouest, tous deux partent à la rencontre des sites qui ont marqué l'histoire et l'économie du pays, à la rencontre des personnages qui ont immortalisé les lieux par leur amour de cette terre.

Vers l'abbaye de Melleray

La Seconde Guerre mondiale n'a pas épargné Châteaubriant. À quelques pas de la ville, en direction de Pouancé, le site de la Sablière commémore l'exécution des vingt-sept otages, fusillés en représailles de l'attentat commis à Nantes contre le commandant Hotz (seize otages sont exécutés le même jour à Nantes, et cinq à Paris). C'est un après-midi d'automne au camp de Choisel. Une feuille de papier et une enveloppe sont distribuées à chacun des vingt-sept prisonniers choisis : un dernier mot à la famille avant de mourir. On les emmène en camion, menottes aux mains. Ni rien ni personne ne les

Près de Châteaubriant, vingt-sept otages furent exécutés le 22 octobre 1941 ; dans cette « Carrière des fusillés », une exposition permanente leur est consacrée.

empêchera de chanter à tue-tête *La Marseillaise* et *L'Internationale* dans les rues de Châteaubriant. Neuf poteaux de bois les attendent dans la carrière de sable, quatre-vingt-dix hommes en peloton d'exécution et quelques minutes de vie.

Vers La Motte-Glain

Pour se rendre au château de La Motte-Glain, le plus judicieux est de traverser la forêt de Juigné. C'est l'occasion de s'enfoncer dans l'une des nombreuses forêts qui cernent Châteaubriant et peut-être de mieux comprendre l'isolement de la ville, prisonnière de cet environnement hostile chargé de souvenirs, de légendes et de superstitions. Au sud-est de la forêt, Juigné-les-Moutiers, petite commune sans prétention mais non sans charme, est l'une des plus caractéristiques du pays. Ici, le schiste s'affiche au grand jour, les plus vieilles maisons sont construites à même la roche (face à la mairie, par exemple) et les bordures grises et lisses des trottoirs se font presque miroir par temps de pluie.

En plein milieu rural, à 1 km au sud de La Chapelle-Glain, se dresse le plus grand monument du pays après le château de Châteaubriant : le château de La Motte-Glain. Construite en 1496 par Pierre de Rohan, à l'emplacement du château fort des seigneurs de Rougé (XIe siècle), la forteresse s'inscrit sur la célèbre route des Marches de Bretagne. Flanqué de deux tours rondes, le châtelet s'impose au bout d'une longue

Pendant la Révolution, dans la forêt de Juigné-les-Moutiers, sept fombrayeux (personnes qui nettoyaient les écuries) furent fusillés par des Chouans et inhumés sur place. Leur tombe est un lieu de pèlerinage.

Le château de La Motte-Glain.

allée et ouvre sa porte sur une vaste cour fermée. Là, c'est dans la lumière rasante du soir tombant que resplendit la façade du Grand Logis. Sculptés ici dans le tuffeau, et aussi à l'intérieur, sur la cheminée Renaissance de la salle à manger, coquilles et bâtons célèbrent Compostelle et ses pèlerins. Dédiée à sainte Barbe, la chapelle abrite une fresque classée du XIe siècle. Avant de quitter le château, une promenade autour des étangs permet d'apprécier le site, qui jouit d'un environnement naturel préservé. Il a su séduire des hôtes de marque, tels Charles VIII et Anne de Bretagne, même si à leur passage, en 1497, le château alors inachevé devait

Intérieur du château de La Motte-Glain. Le mobilier de la salle à manger date des XVIIe et XVIIIe siècles.

Peintures murales dans la chapelle du Vieux-Bourg à Saint-Sulpice-des-Landes..

En haut à droite **Le Moulin-Violette au Petit-Auverné.**

les accueillir dans une chambre aux fenêtres obturées en hâte avec de la paille et des fagots.

À quelques kilomètres, en direction de Saint-Sulpice-des-Landes, se dresse une vieille chapelle, entourée d'un cimetière abandonné. Sans doute fermée et sans intérêt majeur ? Bien des promeneurs se sont ainsi mépris et ont passé leur chemin. Il est vrai que sa simplicité ne laisse rien entrevoir du trésor qu'elle abrite. Avis aux curieux ! La clé de la chapelle du Vieux-Bourg se trouve dans une maison voisine. À l'intérieur, de part et d'autre du retable, la voûte et les murs de la nef sont entièrement couverts de peintures murales, à la fois décoratives et instructives, tel un livre ouvert illustrant l'Écriture sainte, à l'usage des illettrés. Elles auraient été exécutées au XVe siècle par des moines des prieurés voisins. Découvertes en 1884 sous un badigeon de chaux, les peintures sont restaurées en 1982. Le Vieux-Bourg peut s'enorgueillir de sa simple petite chapelle en bord de route.

Vers la Forge-Neuve

Divisés en deux communes en 1793, Petit-Auverné et Grand-Auverné ne présentent pas d'attraits extraordinaires, mais la campagne qui les entoure est truffée de sites pittoresques : hameaux de caractère, tel celui de la Cantraie, croix de schiste simples ou sculptées, jolis corps de ferme et maisons nobles. À 5 km de Petit-Auverné, Moisdon-la-Rivière mérite le détour pour son église, dont la construction serait antérieure à l'an mille. Lieu de culte dédié à saint Jouin, cette église est fortifiée car elle servait également de refuge contre les incursions normandes. Son beffroi est en effet supporté par une tour de défense et d'observation.

Le site de la Forge-Neuve respire l'austérité et la nostalgie de ces lieux qui, glorieux le temps d'une page d'histoire, ont dû vendre leur âme à des lendemains nouveaux. Implantée en 1668, la Forge-Neuve est restée parmi les plus importantes forges de France pendant plus d'un siècle. Si les trois ateliers principaux (haut-fourneau, forge d'affinerie et fenderie) n'ont laissé que leurs traces d'implantation au sol, les constructions annexes sont très bien conservées, classées ou inscrites à l'inventaire : les maisons des ouvriers, la maison de maître du XVIIIe siècle qui continue de régner du haut de sa colline et la grande halle à charbon qui abrite une exposition sur l'histoire de l'exploitation du fer dans le pays de Châteaubriant. Très active pendant la Révolution, la forge fournissait, entre autres, le fer et la fonte destinés aux canons, essentiellement ceux d'Indret, près de Nantes.

L'église fortifiée de Moisdon-la-Rivière.

Le temps des forges

Minerais de fer et forêts... Il ne manquait plus que de l'eau et l'homme construisit des étangs. Ainsi naquirent les forges à hauts-fourneaux au XVIe siècle. Jusqu'alors utilisé pour le chauffage et la construction, le bois est désormais destiné à alimenter les forges en charbon de bois : les grands propriétaires des forêts ont trouvé le bon moyen de valoriser leur patrimoine et sont à l'initiative de la sidérurgie au bois qui marque le pays de Châteaubriant au XVIIe siècle.
Les étangs voient apparaître barrages, moulins et forges. La fonte est produite dans le haut-fourneau et affinée dans la forge hydraulique pour donner du fer : cette nouvelle technique en deux temps donne un nouveau souffle à l'industrie métallurgique, déjà existante dans la région à l'époque celtique, et devient le principal moteur de l'économie locale pendant deux siècles. Trois grands établissements voient le jour : la Hunaudière en 1630, la Forge-Neuve en 1668 et la Blisière en 1678, tous trois propriétés des grandes familles La Chapelle, Condé et Saget, les maîtres des forges. Vingt à trente ouvriers, logés sur le site, travaillent dans les différents ateliers de la forge et plus de trois cents sont employés comme mineurs, charbonniers, bûcherons, voituriers... Toute histoire a une fin : au XIXe siècle, la forge à haut-fourneau est supplantée par une nouvelle venue, la forge dite « à l'anglaise » ; le charbon de bois est remplacé par le coke (houille distillée) et les machines à vapeur font leur apparition. La découverte de l'acier s'en mêle et accélère la chute de la métallurgie au bois. En 1884, la Hunaudière est la dernière forge du pays à éteindre ses fourneaux.

Ancien site métallurgique de La Hunaudière.

Association Les Amis des Forges.

À la découverte de la lande

L'étang de la Forge s'étend sur 4 km, de la chaussée des Grands-Ponts jusqu'au Val. Depuis la halle à charbon, le long de la rive ouest de l'étang, une promenade en paliers domine le Don et se faufile sous les pins du bois du Prince. En direction du Val, depuis la route qui s'entoure de pics schisteux, un sentier s'enfonce dans la lande. Ces deux promenades permettent de découvrir le milieu naturel du site. La végétation prend des airs méridionaux et se démarque par sa diversité. Petits points roses et blancs, de petites plantes grasses appelées « sedums » recouvrent les rochers. Suivent les tapis de lichens, les résédas qui envahissent la pelouse sèche du plateau et cèdent ensuite la place aux asphodèles, aux bruyères et aux ajoncs nains. Depuis les rives boisées du Don, la végétation escalade les plateaux morcelés de la lande qui, gourmande de l'acidité des sols schisteux nécessaire à son développement, a trouvé sa place autour de l'étang de la Forge. Si, en pilant les ajoncs pour les chevaux et en ramassant bruyères et fougères pour la litière, les agriculteurs favorisaient autrefois le développement de la lande sèche, les pins ont pris possession des lieux depuis les années 1950 et pénalisent peu à peu la croissance de la végétation naine. Une dizaine d'espèces rares continuent de s'y épanouir, telle l'hélianthème en ombelle, dont le blanc des fleurs complète la palette des ors et des mauves qui habille l'été. La lande de Moisdon-la-Rivière et de Grand-Auverné demeure sans aucun doute la plus vaste et la plus riche du département.

Vers La Meilleraye-de-Bretagne

Au nord de la forêt d'Ancenis, un petit détour s'impose par le manoir de la Petite Haie, bel exemple d'architecture en schiste du pays de la Mée.

Étang de la Forge.

Châtelet, chapelle, four à pain et pigeonnier : cette noble demeure du XVe siècle a toutes les allures d'un petit château du Moyen Âge. À l'est, le château de Launay est plus récent. Entre les deux, La Bauche a le charme de ces hameaux ensommeillés, qui tendent au promeneur la clé de leur chapelle.

Les ancêtres de Victor Hugo

Sa famille maternelle était propriétaire de plusieurs métairies dans le pays de la Mée et son arrière-grand-père, maître fondeur à la Forge-Neuve de Moisdon : Victor Hugo n'est pas un enfant du pays, mais sa mère, Sophie Trébuchet, y a vécu ses jeunes années. Orpheline à 12 ans, elle est accueillie par sa tante au manoir de la Renaudière au Petit-Auverné où elle vient passer ses vacances. Pendant la Terreur, elle quitte Nantes pour se réfugier à Châteaubriant de 1794 à 1796, et c'est au cours de ces deux années qu'elle fréquente un jeune officier républicain venu en Bretagne pour combattre les chouans. Joseph Léopold Hugo l'emmène à Paris en 1797. De leur mariage naîtront plusieurs fils. Le dernier voit le jour à Besançon en 1802. Victor, de son prénom.

Haie de palis en plaques de schiste.

De Châteaubriant à l'abbaye

Un petit village à l'orée de la Forêt-Pavée, une école et son instituteur ; dans la classe unique de Louisfert, il fut un maître d'école poète. Cadou de son nom, René Guy Cadou. Chaque soir, quand les enfants quittaient la petite cour et se dispersaient dans le village, Cadou, selon ses mots, « dépouillait le vieil homme », ôtant

L'école où enseigna et vécut René Guy Cadou.

sa blouse grise et se retirant dans sa chambre. Là, face à la fenêtre ouverte sur la campagne, le poète retrouvait la plume et les mots. C'est dans ce petit havre emmuré de forêts, aux côtés de son épouse Hélène, qu'il écrivit la majeure partie de son œuvre. C'est aussi là qu'il vit les cinq dernières années de sa vie. René Guy Cadou disparut le jour du printemps 1951, à l'aube de sa trente et unième année.

Depuis 1993, l'école de Louisfert est devenue la « demeure » du poète dont le préau semble se souvenir des parties de marelle et des coups de sifflet du maître. Dans la classe au plancher ciré, les pupitres ont disparu, remplacés par des vitrines de même gabarit qui abritent les souvenirs : photographies, notes sur cahiers quadrillés, lettres, plumes et plumier. Hélène Cadou a ici tout rassemblé.

La vallée de la Chère

La poésie ne s'arrête pas en si bon chemin, elle s'est posée tout au long de la vallée boisée de la Chère, au pied de chapelles, de moulins et d'anciennes forges. À 6 km de Louisfert, le petit bourg de Saint-Aubin-des-Châteaux est construit sur un tertre. En montant à pied, jolies maisons en chemin et double récompense au sommet : le panorama sur la vallée et l'énorme clé de la chapelle des Templiers à la mairie. Inattendue, cette chapelle carolingienne se cache en plein village, au bout d'une ruelle. Un peu plus loin à l'est, le moulin du Pont témoigne du riche passé agricole de la région ; ce moulin à eau daterait du Moyen Âge. La roue hydraulique et les meules en état de fonctionnement lui permettent de produire, comme au siècle dernier, farine de froment et de blé noir. Certains jours, on y fait du pain, à savourer encore chaud au bord des eaux paisibles de la Chère.

Chapelle des Templiers à Saint-Aubin-des-Châteaux.

En bas, à gauche
Moulin du Pont.

Ci-dessous
Chapelle Saint-Éloi, patron des forgerons.

Moulin de Mouais.

La Hunaudière, un étang et le souvenir des forges. Des ateliers, il reste les ruines d'une fenderie et la cheminée d'affinage où la fonte, obtenue dans le haut-fourneau, était débarrassée de son carbone. Façonnée ensuite en barres de fer, elle était transformée en socs de charrue ou en clous, notamment pour la construction navale. Les ouvriers – ils étaient une bonne vingtaine – étaient logés sur place, dans ces maisons basses le long de la route principale. Il fallait appartenir à la famille du maître pour jouir du privilège des chambres avec vue sur l'étang et le bois qui abrite la chapelle Saint-Éloi depuis le XVIIe siècle. Dans une dépendance, d'anciens fondeurs font une démonstration de leur savoir-faire : la réalisation de moules en sable et la coulée du métal en fusion.

Tour Saint-Clair, à Derval.

Mouais est de ces villages qui semblent n'être connus que de leurs habitants, un nom que l'on aurait posé à plat sur une carte un jour de hasard et de bon augure. Jusqu'en 1959, le son du cor était chargé d'arrêter la circulation sur les routes de Sion et de Derval, lorsque l'on brisait les blocs de pierre de la carrière à coup de mines. En contrebas du village, un joli manoir, un moulin et sa roue à aubes sur la Chère, une haie de palis près de l'église, chapelle du IXe siècle à la sortie du bourg… Ce joli patrimoine fait partie des murs ; à Mouais, les témoins du passé sont dans l'ordre des choses. Entre Mouais et Derval se dresse la tour Saint-Clair, donjon de l'une des plus puissantes forteresses de Bretagne et seul vestige qu'il en reste. Environnement boisé et douve profonde à ses pieds. Le fantôme de Du Guesclin n'a plus qu'à sortir ses armes. Avant de rejoindre les environs de Nozay, il est un lieu privilégié pour observer les oiseaux : l'étang de Gruellau, au sud de Treffieux, où est installé un observatoire.

Richesses souterraines

Cassitérite, minerai essentiel à la fabrication de l'étain, et schiste : les richesses du sous-sol de Nozay et d'Abbaretz ont fortement marqué l'histoire de la région, comme en témoigne l'architecture locale. Pratiquée depuis la période gallo-romaine, l'extraction voit sa fin venir : il ne reste en effet qu'un seul carrier à Nozay. Du latin *schistus*, « que l'on peut fendre », le schiste n'est pas un matériau facile à travailler et se débite en blocs. Selon sa longueur et son épaisseur, on l'utilise de diverses façons, tant dans l'architecture savante que populaire. De très belles pièces ont par exemple été choisies pour les colonnes ou la galerie italienne du château Renaissance de

Les oiseaux du pays

Aigrettes.

Ils sont nombreux à habiter les étangs du pays de la Mée. Ils y séjournent à l'année ou se donnent rendez-vous en hiver ou en été. Colvert, chipeau, siffleur : ces canards préfèrent les eaux peu profondes et se contentent de barboter à la surface. Milouin, morillon et garrot sont plus téméraires et disparaissent volontiers sous l'eau. Huppé et castagneux, les grèbes sont les plongeurs émérites des lieux et se nourrissent des petits animaux aquatiques qu'ils chassent en nageant sous l'eau. Ils passent ici les quatre saisons de l'année. Haut perchés sur leurs pattes grêles, les échassiers incarnent l'élégance. Élancée dans sa robe blanche, l'aigrette garzette est toujours pressée, courant dans l'eau à la recherche de ses proies. Le héron cendré, lui, a teinté son plumage de gris et se caractérise par les battements lents de ses ailes arquées. Des rapaces notoires dont l'épervier d'Europe, le faucon pèlerin, la buse variable et l'autour des palombes, mais aussi des espèces plus rares comme la bondre apivore et le milan noir, signalés en été, et le busard harpaye. La liste des passereaux et des limicoles serait trop longue à dresser. Les étangs sauvages de la Hunaudière et de Blizière dans la forêt de Juigné, l'étang aménagé de Gruellau sont les sites privilégiés du pays pour l'observation ornithologique.

Châteaubriant. Le schiste est appareillé au grès armoricain pour la construction des murs, borde souvent les trottoirs et encadre joliment les portes et les fenêtres, aussi bien des gentilhommières que des fermes. Escaliers de schiste, cheminées et évier : l'intérieur des habitations donne dans le même ton (l'escalier du château de La Motte-Glain est un très bel exemple). Les clôtures traditionnelles de palis, larges dalles de schiste, sont caractéristiques du paysage rural, par tradition sûrement,

À Abbaretz, le châtaignier des Nonneries, labellisé « Arbre remarquable », avec un tronc de 8 m de circonférence.

La Carrière du Parc à Nozay.

par esthétisme de plus en plus. La mode est au bleu dans ce coin de Loire-Atlantique. À Nozay, la Carrière du Parc offre un parcours d'interprétation permettant de comprendre la formation de cette roche, d'y retrouver la mémoire des carriers et des tailleurs.

À Abbaretz, l'étang de la Mine est le vestige d'une autre carrière. Jusqu'en 1957, trois cent cinquante mineurs travaillaient ici à l'extraction de la cassitérite, minerai riche en oxyde d'étain. Autour de ce puits d'extraction, long de 900 m, la nature a repris ses droits et offre un reposant écrin de verdure ; à proximité, se dresse le terril formé par l'accumulation des déchets de la mine. Sillonnés de crevasses, ses flancs blanchâtres confèrent une atmosphère lunaire au paysage. Un sentier offre un circuit qui le contourne et deux cent neuf marches invitent à le gravir. À 70 m d'altitude, une vue sur la plaine récompense l'ascension ; des tables

d'orientation pointent les environs. Qui aime le parapente est autorisé à prendre son envol.

L'abbaye de Melleray

Fondée en 1142 par des moines cisterciens, l'abbaye de Melleray coule des siècles heureux. Si la Révolution et l'Empire viennent interrompre cette paix, les moines trappistes venus d'Angleterre reprennent les choses en main en 1817 et introduisent leurs méthodes de culture. Agriculteurs confirmés, les moines aujourd'hui ne le sont plus. Ordinateurs et atelier de photocomposition ont remplacé la machine à battre le blé. Une hôtellerie ouvre grand sa porte à qui désire se retirer dans la paix. La tradition demeure et le silence est d'or. Consacrée en 1183, reconstruite et restaurée, l'église abbatiale a conservé le plan cistercien et abrite des gisants de pierre du XIIIe siècle. Elle ne se visite que pendant les offices du dimanche. Dans le parc, un grand porche roman aux piliers trilobés, un étang cerné de forêts.

L'abbaye de Melleray.

Le Terril à Abbaretz.

Le pays d'Ancenis

Ligérienne, la petite île à fleur d'eau, la douceur des grèves, la mémoire des gabares et la clochette du muguet. Ligérien, le sable blond et le coteau, le château au détour du méandre et le ciel bas sur l'eau qui s'enfuit. La Loire donne un goût à ce qu'elle touche ; elle façonne le paysage à sa guise et court à son embouchure, moins pressée, semble-t-il, quand le jour est ensoleillé, prisonnière d'une subite langueur qui ralentit ses courants effrénés. Le fleuve a ses humeurs qu'ici l'on connaît, ses crues spectaculaires, ses lumières fugaces et ses soirs indolents. Le pays d'Ancenis le sait. Il s'est assis sur sa rive droite. Depuis des siècles, il la regarde passer.

Page de gauche
La Loire à Ancenis.

À Champtoceaux, avant d'être le Moulin pendu, ce lieu fit très probablement office de péage fluvial, depuis le VIIe siècle. Une digue barrait la Loire en diagonale ; une « porte marinière », au milieu, permettait de canaliser les bateaux, de contrôler les marchandises et de faire acquitter les droits de péage.

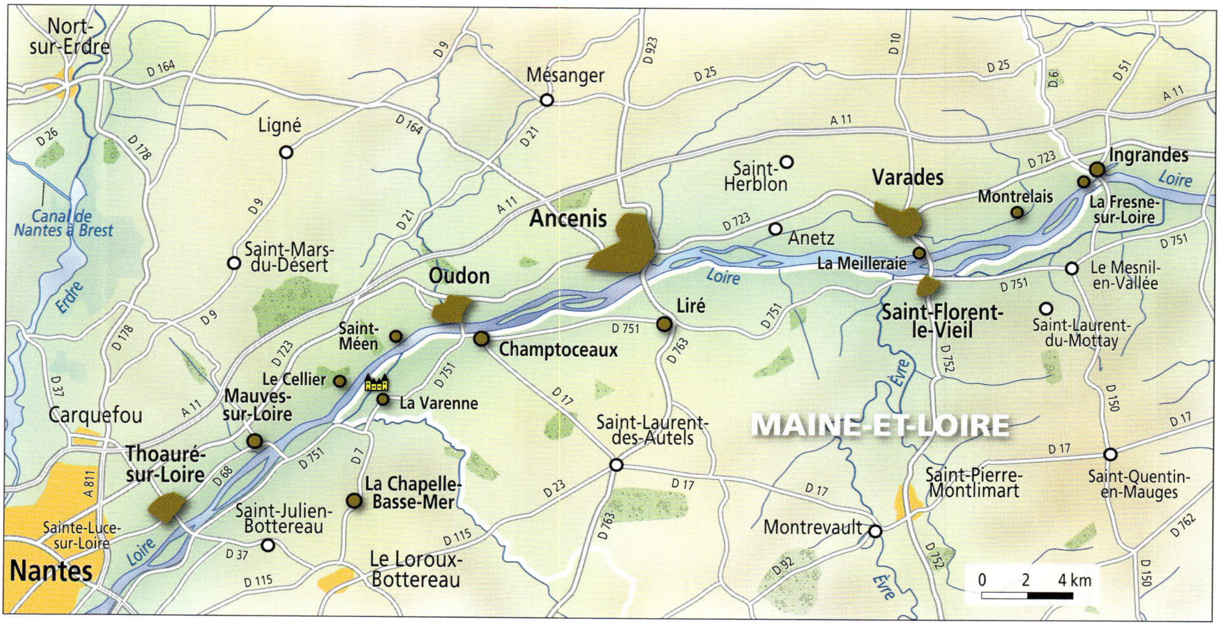

Les nouvelles halles d'Ancenis ont été construites à l'emplacement de celles qui existaient depuis le début du XVe siècle. L'ensemble, qui inclut, en plus du marché couvert, un beffroi et l'hôtel de ville, est d'époque Napoléon III, caractéristique de l'architecture haussmannienne.

Un itinéraire tout tracé

Si la Loire marque une frontière entre le département de la Loire-Atlantique et celui du Maine-et-Loire, quatre ponts unissent ses rives de part et d'autre d'Ancenis. C'est une partie de sauts et de ricochets d'un département à l'autre, un périple en toute liberté sur des rives de caractère, en aval ou en amont, aller simple ou retour. Et les règles du jeu sont faciles à retenir : 1, éviter la N 23, rive droite, chaque fois que possible. 2, suivre les panneaux « Loire » qui conduisent très souvent à un cul-de-sac et offrent un point de vue qui justifie le détour. 3, passer d'une rive à l'autre pour apprécier un même tableau sous deux angles différents. De pont en pont, les itinéraires ligériens sont multiples, plus ou moins longs selon le temps que chacun s'accorde dans la vallée. En voici un qui part d'Ancenis, l'enserre dans une boucle en forme de « 8 » et suit, pas à pas, la Loire dans ses caprices.

Une biodiversité remarquable

Une grande diversité de milieux originaux se concentre autour de la Loire et en fait un milieu naturel d'une importante richesse biologique. Les grèves, les marais et les prairies humides abritent un tiers des espèces végétales du territoire français, dont une flore tropicale venue d'Afrique ou d'Amérique introduite par les courants, les oiseaux migrateurs ou les bateaux qui accostaient jadis à Nantes, et les boires (ancien bras du fleuve) sont les frayères favorites de nombreux poissons. Au nord d'Ancenis, le marais de Grée, équipé d'observatoires, est un lieu privilégié pour observer les oiseaux. Alimenté par trois ruisseaux et par les crues de la Loire, ce marais de 300 ha héberge chaque année des milliers de migrateurs. Selon le mois, il est possible de rencontrer la bergeronnette printanière, le canard, siffleur ou souchet, le cygne sauvage de Scandinavie, le bécasseau, le courlis, la sterne ou la barge à queue noire.

Sternes Pierregarin.

Les envols de vanneaux huppés sont toujours spectaculaires ; ils se déplacent en groupe vers les zones de nourrissage et peuvent être plus de cinq mille à s'envoler sous vos yeux. Aux beaux jours, quand la Loire se retire et découvre les prairies, ils font leur nid dans les herbes rases des prairies pâturées. Ils se nourrissent de vers et d'insectes dont grouillent les zones de vase et les prairies que le marais en décrue découvre. Les zones humides sont des milieux précieux sans lesquels les oiseaux n'auraient plus de gîte et plus de couvert.

Ancenis

Dans les vastes celliers de la rue des tonneliers, les tonneaux, bien sûr, étaient fabriqués, puis remplis de vins ou de grains et chargés dans les gabares des mariniers qui descendaient et remontaient la Loire. Des droits de péage, en vigueur depuis le xe siècle, revenaient aux seigneurs riverains. Impossible d'y échapper : un système de digues obligeait les embarcations à passer au pied du château pour acquitter leur taxe. La Loire assura le convoyage des marchandises et rythma la vie du pays pendant des siècles. Le vieux centre d'Ancenis témoigne de ce riche passé commercial. Les grandes demeures des négociants ont traversé les ans ; les halles, construites sous Napoléon III,

Ci-contre et ci-dessous
Le château médiéval d'Ancenis possède un système d'entrée unique en France : un pont-levis couvert disposé en chicane et une galerie voûtée coudée avec une herse.

Rives de Loire à Ancenis.

Embarcations de Loire

Principal axe de circulation de l'ouest de la France, la Loire assure le trafic commercial de la région jusqu'à la fin du XIXe siècle. Vins, blé, ardoises, pierres de tuffeau et autres marchandises sont ainsi acheminés dans les grandes villes, sur ce fleuve indocile à la navigation souvent dangereuse. Crues imprévisibles, troncs d'arbre, bancs de sable et courants impétueux ont mené la vie dure aux navigateurs. Reine de la marine à voile, la gabare est en chêne et peut effectuer plusieurs voyages, en amont comme en aval, transportant passagers et marchandises ; de Nantes, elle remonte, outre les produits coloniaux, le sel des marais de Bourgneuf et de Guérande. La salambarde, en pin, se charge uniquement du trafic d'avalaison et transporte le charbon, les céréales et le poisson vivant jusqu'à Nantes, par beau temps seulement et jamais la nuit ; arrivée à bon port, elle est vendue comme bois de chauffage et le marinier remonte le fleuve à pied jusqu'à son point de départ. Moins longs que la gabare qui peut atteindre 30 m, la toue et le fûtreau servent de bac et font passer les personnes et les animaux d'une rive à l'autre. Chaque embarcation connaît son rôle, gonfle ses voiles dans le vent et se fait complice du fleuve au fil des ans. Toute histoire a une fin. Celle-ci se perd dans le sillage des bateaux à vapeur, puis dans les rails du chemin de fer à partir des années 1850. Les gabares ont plié leurs grandes voiles carrées, la Loire a congédié ses mariniers.

perpétuent la tradition et abritent un grand marché hebdomadaire de produits régionaux.

À l'emplacement d'une première forteresse en bois construite en 980, se trouvent les vestiges du château médiéval. Par un pont-levis couvert, les deux tours jumelles donnent accès à la cour, au logis Renaissance et aux pavillons du XVIIe siècle. Posté sur la rive droite, le château avait l'importante mission de surveiller la Loire.

Page de gauche
La Loire à Saint-Florent-le-Vieil.

Pêcheurs en Loire au village de La Meilleraie.

D'Ancenis vers l'amont

En amont d'Ancenis, jusqu'au pont d'Ingrandes-sur-Loire, les prairies humides occupent la rive. Sauvage, la Loire a souvent changé de lit et de nombreux bras morts baignent les terres. Familière à Hervé Bazin (l'écrivain séjourna à Anetz), cette partie de la vallée servit de toile de fond à plusieurs de ses romans. Ici et là, des barques attendent que la Loire vienne les chercher. L'hiver venu, le fleuve élargit son lit, submerge les cales et investit les prairies. Averti et prévenant, l'homme a surélevé son habitat. Pour éviter les inondations, il l'a construit à 11 m d'altitude, soit 3 à 5 m au-dessus de la vallée. Au hameau de La Meilleraie, les maisons se blottissent les

La Meilleraie.

unes contre les autres, solidaires devant le fleuve qui les inonde parfois sans merci. Ici, à partir du mois de novembre, alors qu'elle poursuit sa descente de la Loire vers l'océan, l'anguille est attendue au tournant. Les filets sont tendus et, dans leurs barques cabanées, les pêcheurs sont aux commandes. Trois ans après, de petites civelles nées dans la lointaine mer des Sargasses se précipiteront à leur tour dans l'estuaire. Ainsi va la vie de ce curieux serpent voyageur. Plusieurs poissons remontent le fleuve vers leurs frayères chaque année, tels le saumon, l'alose et la lamproie. La migration de ces espèces est respectée et la pêche, réglementée.

Sur la commune de Varades, en bordure du Boire-Torse, reposent les vestiges d'une place forte, le château de la Madeleine, quartier général de l'armée vendéenne en 1793. À ses côtés, au cœur d'un parc emmuré de 19 ha, se dresse le palais Briau, la demeure privée d'un homme d'affaires fortuné ; ingénieur des chemins de fer, François Briau fit construire son palais en 1854 sur les plans originaux de l'architecte Édouard Moll. La visite permet d'accéder aux intérieurs habillés de marbres, de stucs et de fresques, aux souterrains, aux pavillons et aux terrasses qui offrent une imprenable vue sur la Loire.

Construit en surplomb de la Loire, au centre d'un parc en terrasses, le Palais Briau s'ouvre à la visite et loue des chambres d'hôtes.

L'architecte a allié les techniques de constructions modernes avec le plan palladien classique des villas italiennes ; une grande galerie en croix de 5 m de hauteur sous plafond offre en été la fraîcheur et dessert les pièces de réception qui occupent la majeure partie du rez-de-chaussée.

Telle la coquille de l'escargot, les maisons de Montrelais s'enroulent autour de son église. Classée, la grande verrière du chœur date de 1535. Sainte Barbe, patronne des mineurs, représentée sur un vitrail du XIXe siècle, rappelle l'existence d'un bassin houiller au nord de la commune et d'une profession aujourd'hui disparue.

La Route du charbon

De Fresne-sur-Loire à Nort-sur-Erdre, la Route du charbon part à la rencontre des vestiges – cheminées, terrils et corons – de l'activité minière pratiquée pendant deux siècles, entre Nantes et Angers, dans l'arrière-pays d'Ancenis. De 1750 à 1949, le charbon extrait est utilisé dans l'ouest de la France par les forges, les fours à chaux et l'alimentation des machines à vapeur. Montrelais, Varades, La Rouxière, Teillé ou encore Mouzeil possèdent au moins un puits. Le charbon était expédié par le train, par la Loire et l'Erdre depuis Le Fresne-sur-Loire, Ancenis et Nort-sur-Erdre.

Un rocher pour frontière

Deux communes siamoises, Le Fresne et Ingrandes, toutes deux « sur-Loire », sont administrativement séparées par la rue de la Pierre-de-Bretagne, frontière historique entre l'Anjou et la Bretagne. En 845, un rocher emblématique est ici posé entre la Bretagne et la France. Situation frontalière oblige, les deux communes ont connu un important trafic fluvial au cours de leur histoire, des démêlés parfois sanglants au temps où la gabelle faisait force de loi : 58 livres pour un minot (25 kg) de sel en Anjou contre 3 livres en Bretagne… Un théâtre de contrebande tout trouvé pour marins et paysans qui, de part et d'autre du fleuve, devenaient passeurs ou faux sauniers. Riches demeures de négociants et maisons de pêcheurs se côtoient le long des quais, s'écartant ici et là pour laisser un passage vers la Loire.

Escapade angevine

Le pont d'Ingrandes fait la plus grande enjambée de tous les ponts suspendus de la Loire. La rive gauche est teintée de rose et de beige, de jaune ou de blanc. Avec le ciel, le sable joue avec les nuances. L'hiver est une balade entre deux flots ; le fleuve cerne la route des deux côtés et, au large, deux îles semblent partir à la dérive. Les îles sableuses en constante évolution se sont parfois rattachées aux rives. Les autres gardent la tête haute au-dessus du fleuve, vivant de pêche et d'élevage. Jusqu'en 1950, elles fournissent le chanvre pour le cordage de la marine et l'osier pour cercler les barriques. Six îles principales émergent dans le pays d'Ancenis ; on en compte une vingtaine en Loire-Atlantique.

Du haut de ses 40 m, Saint-Florent-le-Vieil offre un vaste panorama sur la Loire, qui, ayant atteint les neuf dixièmes de son parcours, se fait de plus en plus large. Les silhouettes des maisons de pêcheurs de La Meilleraie se dessinent sur l'autre rive et, à l'est, l'île Batailleuse semble encore convalescente de son passé mouvementé. Incursions vikings et guerres de Vendée n'ont pas épargné la région, de lourdes pages d'histoire

Ci-dessus et page de gauche
Le Fresne-sur-Loire marque la frontière historique entre l'Anjou et la Bretagne. Le front de Loire prend une allure de forteresse, avec un bâti des XVIe et XVIIe siècles.

Abbaye de Saint-Florent-le-Vieil.

que retrace le musée de Saint-Florent. Du chemin de halage qui suit le fleuve, des sentiers rejoignent l'esplanade Montglonne et l'abbaye à travers de plaisants jardins.

Hommage à un poète, hommage à son petit village… Joachim Du Bellay souffrait d'en être séparé et son « petit Liré » ne l'a pas oublié. Si sa demeure natale n'est plus qu'un château en ruines, un musée lui est consacré. Perché sur une butte, Liré regarde Ancenis droit dans les yeux. De l'autre côté du pont, la poésie ne demande qu'à s'envoler.

Descente en douceur

Quel Nantais, de retour d'Angers ou de Paris par voie de chemin de fer, n'a pas en mémoire les derniers kilomètres de son trajet ? À partir d'Ancenis, la Loire lui tient compagnie.

Venue du pays de Retz, la Route touristique du vignoble nantais s'autorise une échappée au nord de la Loire, serpente entre les vignes et descend le long de la berge aussi souvent que possible. Oudon est la première escale. Classée monument historique, sa haute tour de schiste, de forme octogonale, se dresse au pied de la vallée. Construite à partir de 1392 par le seigneur Alain de Malestroit, la tour actuelle remplaça très probablement

La Tour d'Oudon.

une forteresse qui, au XIe siècle, contrôlait le trafic fluvial et surveillait l'Anjou sur la rive opposée, protégeant ainsi Nantes, capitale bretonne. Offrant une défense en cas d'attaque, la tour était avant tout un lieu de résidence ; elle invite aujourd'hui le visiteur à un parcours-spectacle apportant divers éclairages sur la Loire, événements historiques et traditions locales : décors, films et récits mettent en en scène la vie d'un pêcheur au Moyen Âge, la tragédie des guerres de Vendée, le voyage du peintre anglais William Turner, la batellerie et les chants de marine ou encore un voyage en ballon au-dessus du fleuve. Une dernière porte s'ouvre, qui conduit à la terrasse du donjon : Champtoceaux se dresse sur la rive gauche, à 60 m au-dessus de la vallée. Depuis le quai en contrebas d'Oudon, le bateau *La Luce* propose une promenade sur le fleuve. La Loire se laisse également longer à vélo, l'itinéraire est aménagé.

Entre Oudon et Mauves-sur-Loire, la route batifole entre vignes, falaises et rives escarpées. Sur la route du Cellier, la tentation est d'autant plus légitime que les curiosités s'enchaînent : le hameau de Saint-Méen, sa chapelle au sommet du coteau, et les énigmatiques Folies-Siffait. Étagé autour de son église, Le Cellier vit paisiblement entre

Bords de Loire.

La route des bords de Loire porte le nom du petit affluent, la Divatte. Cette levée fut construite pour mettre fin aux inondations causées par les crues.

600 ha de forêts et 200 de vignobles. Cette charmante bourgade doit son origine et sa vocation vinicole aux moines défricheurs. Les fûts de vins étaient autrefois conduits aux cales, puis chargés sur les embarcations fluviales. Clairs et légers, les vins des coteaux d'Ancenis vont de pair avec la douceur ligérienne qui les berce. Plus sec, le muscadet et le gros-plant, plus moelleux le pinot que l'on vendange tardivement. Rouge ou rosé, le gamay et le cabernet. Le pinot gris est ici appelé « Malvoisie ». Tous ces terroirs viticoles bordent le fleuve, mais chacun revendique sa personnalité. Ils sont six en tout à se disputer une joyeuse palette de goûts bigarrés.

De Mauves à Thouaré, l'œil est attiré sur l'autre rive par de blanches étendues aveuglantes. Ce sont les serres miroitantes des maraîchers, en bordure de Loire, dans le pays du vignoble nantais. La Route touristique du vignoble a quitté la rive droite par le pont de Mauves. Quelques kilomètres en aval, le pont de Thouaré permet d'emprunter cette petite route tant aimée de la région, communément appelée la « Divatte ».

L'énigme des Folies-Siffait

Des pans de murailles inachevées, des fenêtres qui ne donnent sur rien, des restes de demeures, à moins qu'ils n'en soient que le commencement… Ces curieux édifices épousent la falaise et descendent en cascade vers la Loire sur un amphithéâtre de vingt-trois terrasses. Tout est mystère et étrangeté, illusion et chimère. Cette folle architecture n'est autre qu'un ensemble de fausses ruines. Pourquoi ? Pour qui ? Les auteurs de l'œuvre n'ont laissé aucun indice. Maximilien Siffait se consacre à cette folie en 1816 et son fils Oswald l'achève en 1830. Après la fascination des premiers visiteurs, les avis se partagent entre l'erreur architecturale, le bizarre et l'inutile. Au fil des ans, le site tombe dans l'oubli. Plus féerique encore sous la végétation qui l'envahit. M. Siffait a défié la raison, M. Siffait a défié le temps.
Ces folies méritaient bien de porter son nom. Depuis 1993, le site est en cours de « restauration » ; un sentier le contourne, une promenade en bateau depuis Oudon ou Champtoceaux permet de l'approcher.

Cultures de muguet.

Mi-bretonne, mi-angevine

Le Bout-des-Ponts rattrape la Divatte qui, depuis les portes de Nantes, s'en va, étroite et serpentine, jusqu'au port de la Pierre-Percée, à La Chapelle-Basse-Mer. Construite au XIXe siècle pour arrêter les inondations, elle longe la Loire comme on s'en va faire son marché. Paisible et joyeuse au pied d'un grand tapis de figures géométriques, les cultures des maraîchers : tomates, poireaux, navets, carottes, concombres ou la célèbre mâche nantaise. Les légumes poussent sous serre ou à l'air libre. Le terrain alluvionnaire est favorable à leur culture et la Loire se charge d'irriguer la terre. Une petite note printanière pour assaisonner le tout. C'est le brin délicat du muguet. Quatre-vingt-cinq pour cent de la récolte nationale viennent de la région nantaise.

De retour dans le département du Maine-et-Loire… Tapis mauve et blanc quand les cyclamens sauvages pointent leur tête : c'est le parc boisé du château de La Varenne. Privé, l'intérieur ne se visite pas, mais la promenade est libre

À La Chapelle-Basse-Mer, le mur de la chapelle Saint-Simon a gardé la mémoire des crues de la Loire, de 1711 à 1866.

Une vulnérable créature : la sterne naine

De la famille des sternes, elle est la plus petite. On la reconnaît à son bec jaune à bout noir, ses longues ailes anguleuses et sa silhouette trapue. La grève est son refuge favori et c'est à même le sable qu'elle construit son nid. Prise de panique à l'arrivée d'un intrus, elle poussera des cris rauques pour l'inviter à passer son chemin. Abandonnés trop longtemps, les poussins peuvent mourir par déshydratation ou par refroidissement des œufs… Vigilance est demandée. La sterne naine est devenue une espèce rare et menacée.

Un beurre pas comme les autres

Clémence Praud, épouse Lefeuvre. Née en 1860. Tout le monde la connaissait sur la Divatte. Les mariniers, les pêcheurs et les touristes de passage. Le poisson sortait tout droit de la Loire, puis des fourneaux de son petit restaurant, Clémence le préparait à sa façon. Beurre fondu et vinaigre, échalotes et poivre blanc : une sauce qu'elle inventa pour ses clients, un petit délice qui sera le beurre blanc. Le sandre et le brochet s'en accommodent parfaitement. C'est un succès, le Tout-Nantes en redemande. La cuisinière n'est plus, mais sa recette a voyagé bien au-delà de la Divatte. Le beurre blanc est bien sûr proposé à la Chébuette où vécut la mère Clémence et dans les restaurants qui bordent la Loire.

À Saint-Julien-de-Concelles : le berceau du beurre blanc.

dans ses bois. D'un côté les vignes, de l'autre les châtaigniers. La route s'amuse à descendre et à monter jusqu'à Champtoceaux, En haut, tout en haut, qui trône sur son éperon rocheux.

Depuis le site du Champalud, la Loire n'a pas de mesure. Plus majestueuse que jamais, nantaise dans ses courants salés, angevine dans le sable qu'elle draine. Jusqu'au fleuve, la route descend en lacets, verte et ombragée, jusqu'à port pittoresque de la Patache. "Heureux qui comme Ulysse a fait un beau voyage"... Celui-ci s'achève au petit village de Liré.

La Loire depuis le site du Champalud à Champtoceaux.

Au cœur du vignoble nantais

Parce que ses feuilles ont de jolies rondeurs, le cépage est appelé « melon ». Venu de Bourgogne, il s'installe dans la région nantaise au XVIIIe siècle et s'adapte parfaitement aux sols et au climat de sa nouvelle contrée. Issus de ce cépage, les muscadets règnent aujourd'hui en maîtres sur la carte des vins nantais. Reconnus en 1936, ils figurent parmi les plus anciennes appellations d'origine contrôlée de France et sont exclusivement produits dans le vignoble nantais, depuis les cantons atlantiques jusqu'aux rives de la Loire.

Page de gauche
La « cave à Bacchus » du château de Cassemichère à La Chapelle-Heulin.

Le Moulin du Pé, au Loroux-Bottereau.

Au sud de Nantes, le pays touristique du vignoble nantais est traversé par les riantes vallées de la Sèvre nantaise et de la Petite Maine. Un muscadet a tout simplement emprunté le nom de ces deux rivières, on le connaît sous l'appellation « sèvre-et-maine ». Les rangs de vignes s'étirent à vouloir toucher l'horizon. Tendre vert de l'été ou chaudes nuances automnales. Avant de se dévêtir totalement pour l'hiver, les coteaux changent de toilette avec les saisons. Les habitations gardent leur chapeau de tuiles et prennent un air résolument italien à l'approche de Clisson. Une descente en pente douce à travers le pays.

Coteaux et vallées

Rien ne sert de courir… On peut rejoindre la Route touristique du vignoble nantais par le chemin des écoliers qui offre souvent de paisibles détours champêtres. À vélo même, depuis Rezé, au sud de Nantes, un chemin sentier longe les rives de la Sèvre et rejoint Vertou, à 12 km, et sa chaussée des Moines. Construit au Moyen Âge, ce barrage permet de réguler le cours de la Sèvre, sur laquelle on transportait autrefois le vin vers Clisson. Sur la Loire jusqu'au port de Nantes, puis sur la Seine, il partait à destination des tavernes et cabarets de la capitale.

La Route touristique du vignoble nantais s'en va rejoindre les méandres de la Sèvre et de la Maine. À La Bourchinière commence le cortège des caves. Dans tout le vignoble, un grand nombre de caves labellisées ouvrent leurs chais aux visiteurs, proposent visites et dégustations. Modeste demeure au centre du hameau ou somptueux château au bord de l'eau, chacun a sa méthode, son cru et son savoir-faire. L'église de Saint-Fiacre-sur-Maine pointe la tiare romaine de son curieux clocher et, à ses pieds, des ceps,

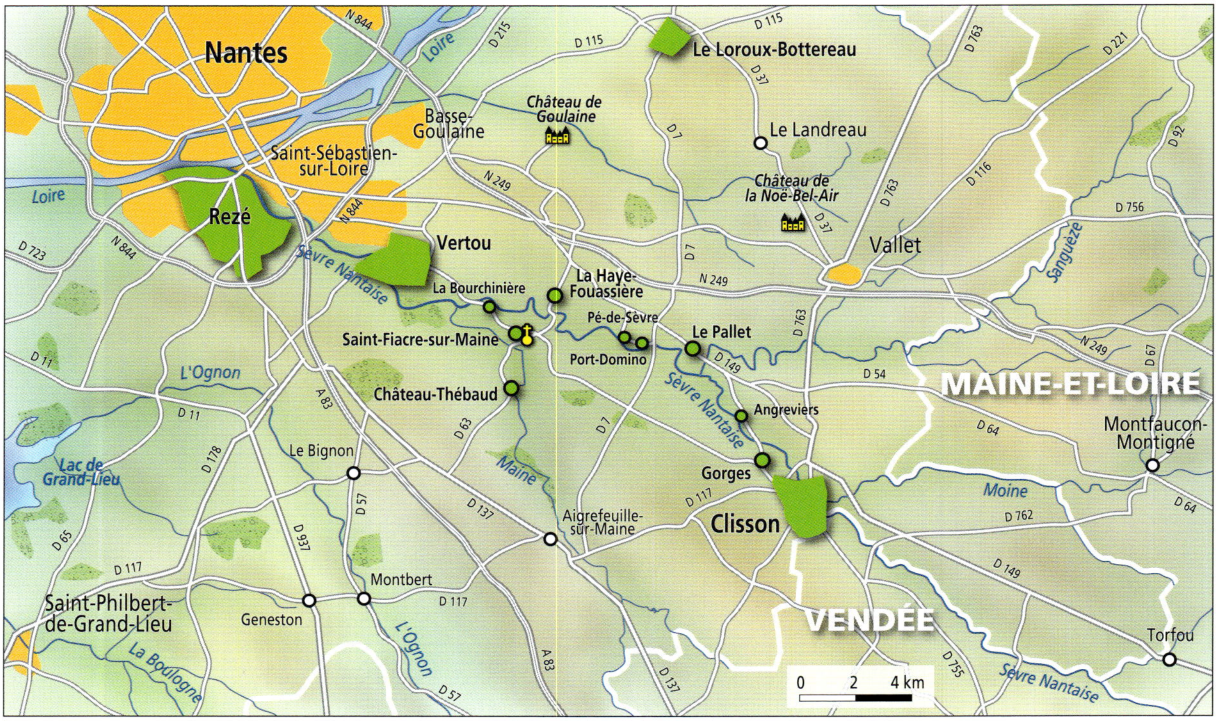

des milliers de ceps s'alignent, coudes serrés à flanc de coteaux. Voici un village qui ne peut renier son rang. Si l'on compte les hectares de vigne par rapport à la surface communale, Saint-Fiacre est la commune la plus viticole de France, charmant petit chapeau byzantin sur paysage de sarments.

La Chaussée des Moines à Vertou.

« Muscadet » au pluriel et autres crus

Aux côtés du muscadet sèvre-et-maine qui représente la plus grande part de la production des vins nantais, trois autres appellations d'origine contrôlée ont leur place sur le marché : le muscadet, le muscadet des coteaux de la Loire sur les sols schisteux de la région d'Ancenis et le muscadet des côtes de Grand-Lieu sur les sols légers et alluvionnaires des cantons d'Herbauges et de Logne. Tous monocépages, leur différence de goût tient à la particularité du terroir dont ils proviennent. S'il est l'inséparable compagnon des fruits de mer et des coquillages, le muscadet se marie également avec les poissons en sauce, avec le fromage s'il a du caractère et avec les viandes blanches. La règle est de s'inquiéter de son âge et de bien choisir son terroir. Cépage d'origine charentaise, implanté deux siècles avant le melon, la Folle blanche donne le gros-plant du pays nantais, un vin blanc sec qui, comme le muscadet, aime les produits de la mer. Pour les robes rouges et rosées, c'est aux coteaux d'Ancenis qu'il faut s'adresser.

Le muscadet-sur-lie

Pour s'affirmer « sur-lie », il doit passer au moins un hiver sans soutirage dans son fût de vinification ou dans sa cuve. Un hiver entier à se nourrir de sa lie. Cette levure naturelle de fermentation exaltera son arôme et lui léguera un inimitable perlant. Devenue une appellation en 1994, cette méthode vient tout droit de la traditionnelle barrique des noces. Celle que l'on mettait de côté pour les grandes occasions et dans laquelle le vin avait tout le loisir de reposer dans sa lie.

Nature et culture à La Cantrie

À la sortie de Saint-Fiacre-sur-Maine, la route descend entre les vignes jusqu'à la Sèvre. Un sentier balisé s'enfonce dans un petit écrin de verdure au cœur d'un parc paysager de 4 ha, riche de plus de cent dix espèces végétales. Des passerelles au bord de l'eau offrent un joli point de vue sur la vallée, que l'on peut aussi découvrir au fil de l'eau ; ici se louent barques et canoës. Le site de La Cantrie ne se limite pas à une leçon de botanique. Du printemps à l'automne, l'art est au rendez-vous. Derrière leur porte cossue, entre la fraîcheur des vieilles pierres, des caves âgées de plus de deux siècles accueillent des expositions de peinture et de sculpture. Cette escapade est devenue une incontournable du vignoble.

Vers la Maine

Direction Château-Thébaud. La route enjambe la Maine et laisse la rivière courir de son côté pour reprendre ses méandres à l'ombre des arbres qui l'accompagnent. Après une partie de cache-cache, elles se retrouvent toutes deux à Château-Thébaud, l'une narguant l'autre du haut de la vallée. Depuis le promontoire rocheux qui se trouve derrière la mairie, le tableau est inattendu et charmant : petite Maine, sereine et timide, se promène au pied d'une falaise. Pont-Caffino est le nom du site, où l'on peut s'adonner à l'escalade et à la randonnée en canoë ou en kayak.

Retour vers la Sèvre

Sur la commune de La Haye-Fouassière, la Maison des vins s'est entourée de vignes, au point culminant du vignoble. Une halte au sommet des coteaux pour un petit tour à la vinothèque et l'occasion, si ce n'est déjà

Le vignoble à La Haye-Fouassière.

fait, de s'enquérir des caves et des domaines à visiter. En direction du Pallet, la Sèvre se laisse approcher par la route. Charme et simplicité au Pé-de-Sèvre où les maisons cossues aux escaliers de pierre recèlent la fraîcheur des caves derrière les murs épais. Suivent les cales de Port-Domino. Plus de guinguettes, plus de gabares chargées de tonneaux… Depuis que la route et le rail ont pris le pas sur la voie d'eau, les dimanches après-midi de fête au bord de l'eau semblent avoir perdu leur raison d'être. Il fait néanmoins toujours bon s'y promener, et libre à chacun de chanter dans sa tête. À droite sur la départementale, puis immédiatement

Ci-dessus et ci-contre
La Haye-Fouassière, le long de la Sèvre nantaise.

Dégustation dans les chais du château de Cassemichère à La Chapelle-Heulin.

En haut, à droite
Musée du Vignoble nantais.

Contrôle de fermentation au Domaine de Bel Air à La Haye-Fouassière.

à gauche avant le pont, la route rejoint, au Pallet, le musée du vignoble. Celui-ci donne les clés pour comprendre la viticulture, expose une riche collection d'outils et engins, dont une impressionnante collection de pressoirs témoignant des évolutions techniques. Ne sont pas oubliés les arts et traditions du vignoble présentés à travers différents objets, ainsi que les différentes étapes de vinification. Des bornes multimédias et des jeux rendent ludique la visite aux plus jeunes, et une promenade dans le conservatoire du musée invite à découvrir les différents cépages. Enfin, hommage est rendu au philosophe et théologien Pierre Abélard. Rendu célèbre par son fol amour pour Héloïse, il est enfant du pays, né au Pallet en 1079.

Parenthèse italienne

Nichée sur les rives escarpées de la Sèvre, Clisson respire un air venu d'ailleurs. Aux côtés du granit local et des tours rondes traditionnelles, le ton est au rose de la tuile creuse et au rouge de la brique. Bretonne dans ses racines, Clisson s'est empreinte d'une douceur italienne et d'un parfum de Toscane.

S'il est tentant d'entrer par la haute ville formée d'un charmant dédale de ruelles, le plus judicieux serait toutefois de la découvrir dans son ensemble depuis la rive sud et de plonger immédiatement dans l'univers italianisant du site : la Garenne Valentin, place de la Trinité et le parc de la Garenne Lemot. Entre les deux, un viaduc enjambe la Moine et offre un vaste panorama sur la ville.

La Garenne Lemot

C'est en 1805 dans les bois de la Garenne que commence la « renaissance » de la ville. Les seigneurs de Clisson ne reconnaîtraient pas leur réserve de chasse, entièrement revue et corrigée par le sculpteur et nouveau

En bas, à gauche
Église Notre-Dame à Clisson.

Ci-dessous
Le temple de Vesta dans le parc de la Garenne Lemot.

propriétaire des lieux, Frédéric Lemot. Entouré d'architectes dont Mathurin Crucy, il dessine un parc de 13 ha, à l'image de la campagne romaine, jalonné de statues et de colonnes, de rochers et de grottes. La Maison du jardinier se dresse, accueillante, à l'entrée du domaine ; son architecture rustique est inspirée des constructions rurales du centre de l'Italie. Édifice majeur, jumelé avec la villa Médicis à Rome, la villa Lemot, sobre et classique, surplombe le parc qui descend en terrasse vers

Architecture et atmosphère italiennes.

Comment Clisson se parfuma d'Italie

Misérable ruine après le passage des troupes révolutionnaires en 1793, Clisson n'a guère le temps de pleurer son malheur et se relève au tout début du XIXe siècle. Ils sont deux frères, Pierre et François Cacault. L'un est peintre, l'autre est collectionneur d'art et diplomate à Rome. À leurs côtés, le sculpteur François-Frédéric Lemot, prix de Rome en 1790. Trois artistes passionnés, contraints de fuir l'Italie face aux émeutes antirépublicaines qui mettent à sac le siège de l'Académie de France, et une ville bretonne, agonisante sur les bords de la Sèvre, après le douloureux passage des guerres de Vendée. Du malheur de ces deux pages d'histoire naît la nouvelle silhouette de Clisson. Conquis par le site, les frères Cacault ouvrent un musée (dont les collections de peintures et sculptures sont aujourd'hui au musée des Beaux-Arts de Nantes). Pressé de créer sur les bords de la Sèvre son propre Tivoli, François-Frédéric Lemot fait très vite de Clisson un tableau de maître, aux airs d'Italie dictés par la passion et la nostalgie.

La Villa Lemot.

Le pont de la Vallée qui relie la ville au château.

la Sèvre, la ville étagée sur l'autre rive et le château. À l'ombre des marronniers et des tilleuls mais aussi des acacias et des pins d'Italie, les sentiers partent à la rencontre de l'imaginaire de Lemot : le temple de Vesta construit à même le rocher, la colonne de Madrid ou le tombeau à l'antique mais aussi le site de repos de Diane, déesse de la Chasse, aménagé dans une boucle de la Sèvre ou la grotte d'Héloïse, en hommage aux amants, en souvenir de leur amour impossible. Ponctuée de surprises, la promenade est douce et vous entraîne vers la grille de sortie. Le voyage continue à pied par le pont de la Vallée. À Clisson, le véhicule relève de l'inutile.

Le paysage industriel est aussi à l'italienne

Si la vallée de la Sèvre ne connaît plus le vacarme des roues à aubes ou des marteaux des foulons, elle a conservé les bâtisses industrielles qui firent sa richesse économique aux XVIIIe et XIXe siècles. Les moulins sont nombreux dans la vallée de Clisson, et tous se sont habillés à l'italienne, les entrepreneurs ayant suivi la mode des artistes de l'époque. Des promenades le long de la Sèvre permet d'aller à leur rencontre : les moulins du Château, par exemple, au Plessard, à la Feuillée ou au Persimon, sur la commune de Gorges, en aval de Clisson. Rive droite, le moulin de Liveau : moulin à farine à sa création en 1407, il fut transformé en moulin à papier au début du XIXe siècle. Dans l'étendoir séchaient les feuilles, alignées sur des cordes de chanvre. Aucun doute, l'architecture et le choix des matériaux s'inscrivent dans le courant italianisant de la vallée. À 1 km en aval, se dresse la filature d'Angreviers, construite en 1827 : 25 m de long sur 13 de large, quatre niveaux de baies surmontés d'un belvédère. La chaîne de production s'organisait de haut en bas. Pendant dix ans, on y fila le lin. Mais les rendements médiocres, en partie dus à une technologie tâtonnante, mirent l'usine au chômage pendant près de deux décennies. Reconvertie en chamoiserie, elle prit son visage actuel en 1941 pour devenir un refuge pendant la guerre puis, aujourd'hui, un collège.

L'ancienne filature d'Angreviers à Gorges.

À la recherche du temps passé

Les ruelles escarpées montent à la rencontre des rares vestiges médiévaux de la ville, épargnés par l'incendie qui ravagea Clisson en 1793. Parce qu'elles servaient probablement de campement aux armées, les halles ont traversé le drame sans dommages. Leur impressionnante charpente en chêne et en châtaignier date du XVe siècle. À deux pas, l'église néoromane Notre-Dame, arrivée quatre siècles plus tard, s'intègre harmonieusement au site environnant. Une fontaine fait chanter son eau et une ruelle, Tire-Jarrets de son nom, redescend en courant jusqu'à la Sèvre. Entre les deux, son cœur balance ; un pin parasol se fait passerelle d'un côté de la rue à l'autre. Entre le Moyen Âge et l'Italie, Clisson aime à rêver de Tivoli.

Du haut de son éperon rocheux, le château d'Olivier de Clisson défendit le duché de Bretagne face au royaume de France. Élevé au XIIIe siècle, agrandi puis renforcé par le duc de Bretagne François II, il n'est plus qu'une ruine après le passage des troupes révolutionnaires, une ruine grandiose et romantique qui attira peintres et sculpteurs au XIXe siècle, et ne manqua pas de séduire François-Frédéric Lemot, acquéreur du site en 1807. Un escalier à pic, des marches usées par le temps : « l'échelle » du château rejoint la Sèvre, longée par le parc Henri IV à l'est. Derniers clins d'œil à Lemot : consacré aux liens qui unissent les initiateurs du site, le temple de l'Amitié est idéalement installé face à la villa du sculpteur, perchée sur l'autre rive. Initialement construit pour recueillir les dépouilles de ses amis les frères Cacault, il devient finalement la chapelle funéraire du

Page de gauche, en haut
Le château de Clisson.

Page de gauche, en bas
Au cours du XVe siècle, le duc François II décide de couvrir l'ancienne place du marché. Cette halle, constituée de trois essences de bois différents – chêne, châtaignier, sapin –, se compose d'une grande nef entre deux bas-côtés.

Marais de Goulaine.

Le Loroux-Bottereau.

sculpteur en 1827. Un peu plus loin, le moulin Plessard fait face au temple de Vesta. Parce que le bâtiment est gracieux, Lemot l'achète en 1821. Parce qu'il est gracieux à son goût, il n'y apportera aucune modification. Coups de pagaie dans l'eau : il est aussi possible de descendre la Sèvre en canoë.

Derniers coups d'œil

L'Italie ne s'est pas cantonnée dans les murs de Clisson. À l'ouest de Vallet, le château de la Noë-Bel-Air connut le même destin que la cité médiévale, incendié puis reconstruit dans un style italien en 1836. Privé, il ouvre au public les grilles des deux parcs qui l'entourent. Dans la cour carrée qui précède le domaine, la brique des communs et des dépendances boit volontiers le plein soleil de l'après-midi. Plus froid, le château, aux frontons et à la vaste loggia à colonnades, surplombe les vignes.

Jusqu'au Landreau, puis à gauche de l'église, vers les hauteurs du vignoble en direction du Loroux-Bottereau, le moulin du Pé garde sa porte ouverte.

Le château de Goulaine

Il est breton, reconstruit à la fin du XVe sur des ruines du Xe siècle, mais le tuffeau qui a remplacé le granit, ses tours à encorbellements et ses échauguettes décoratives évoquent sans détour l'élégance des châteaux de la Loire. Depuis mille ans dans la même famille, il abrite de précieuses archives dans ses grands salons opulents. Curiosité inattendue, la volière du domaine abrite une collection de plusieurs centaines de papillons exotiques vivants, des chrysalides venues d'Amazonie et d'ailleurs, des êtres dont la durée de vie ne dépasse pas dix jours ; cette volière fut créée par le marquis de Goulaine (1933-2010). À visiter également : les salons du château et l'exposition permanente retraçant l'histoire de la biscuiterie LU, à travers son patrimoine artistique : tableaux, affiches, objets...

Grand logis en pierre de tuffeau, dans l'esprit Renaissance des grandes demeures du Val de Loire.

Pièce à l'étage.

Un effort de soixante marches pour s'offrir une vue plongeante sur les environs. Carte en main, le chemin est tout tracé : demi-tour au moulin et retour bref sur la D 307, prendre aussitôt à droite après le petit cours d'eau jusqu'au hameau de la Pouivetière. À gauche, direction le pont de l'Ouen. Tracés bleus sur la carte : ce sont les marais de Goulaine, 1 500 ha d'espaces naturels traversés par le cours de la rivière du même nom.

Fatigué de traverser le capricieux gué de l'Ouen pour rejoindre son monastère, saint Martin de Vertou aurait usé de subterfuge avec le diable pour obtenir un pont de pierre... Protégé naguère par des fortifications, ce pont est le seul passage terrestre à travers les marais. L'été, les marais asséchés permettent des randonnées pédestres ; l'hiver, seule la barque pénètre l'univers silencieux des canaux.

ACCUEIL
BILLETTERIE

Cahier pratique de la Loire-Atlantique

Janvier-Février

• La Folle Journée

C'est un festival de musique classique à thème. Il se déroule sur cinq jours et veut ouvrir la musique classique à tous, initiés ou non, en proposant des concerts courts (45 minutes). Ainsi chaque édition offre une moyenne de 250 concerts.
Nantes
Fin janvier-début février
Tél. : 02 51 88 36 36
www.follejournee.fr

• Chant'appart

Festival de chansons francophones où les artistes se produisent chez des particuliers ou dans des petites salles.
Plusieurs communes de Loire-Atlantique
Février
Tél. : 06 80 62 75 69

Mars

• Les Instants du monde

Ce festival des musiques du monde est l'occasion de montrer les voix de tous horizons, de toutes cultures et tous continents pendant cinq jours.
Rezé
Début mars
Tél. : 02 51 70 78 01

Mai-Juin

• Printemps des arts

Ce festival invite sur un mois à de nombreux concerts. Dans des lieux patrimoniaux du département résonne l'essentiel du répertoire classique et baroque qui est interprété par des musiciens émérites.
Mai à mi-juin
Tél. : 02 40 20 69 70
www.printemps-des-arts.com

• Festival Anne de Bretagne

Ce festival met en valeur la culture bretonne et celtique sous tous ses aspects : traditions, concerts, cinéma, théâtre, spectacles, fest-noz et rappelle le lien historique du département avec la Bretagne.
Pornic
Mi-juin
Tél. : 02 40 81 38 14
www.tourisme-chateaubriant.fr

• Hellfest Summer Open Air

L'unique événement d'envergure français dédié aux musiques métal, hard rock, hardcore et assimilées ; le rendez-vous annuel de tous les passionnés de ces musiques dites « extrêmes ».
Clisson
Fin juin
Tél. : 02 41 58 71 61
www.hellfest.fr

• Les Rencontres du fleuve

Les bords de la Loire se transforment pendant neuf jours en lieux magiques grâce aux artistes, habitants et associations, alliant judicieusement un festival itinérant des arts et l'environnement.
Fin juin
Tél. : 08 75 79 93 84

Juillet-Août

• Scopitone

Sur deux jours et trois nuits s'enchaînent des concerts, spectacles, performances, présentations d'acteurs travaillant autour de la création multimédia et incitant à la découverte de ces croisements artistiques.
Nantes - Juillet
Tél. : 02 51 80 62 90
www.scopitone.org

• Les mystères de Gilles de Rais
Ce spectacle son et lumière, itinérant et interactif, plonge le spectateur au cœur du XVe siècle. Il participe lui-même à la résolution de l'affaire qui fit chanceler ce seigneur.
Machecoul
Mi-juillet
Tél. : 02 40 31 42 87
www.raiscrations.com

• Les Nuits Salines
Un festival de musique, de spectacles dans les rues de Batz pour fêter l'arrivée du sel, l'or blanc de la presqu'île.
Batz-sur-Mer
Juillet
Tél. OT : 02 40 23 92 36

• Les Escales de Saint-Nazaire
Les musiques du monde s'invitent sur le port de Saint-Nazaire le temps d'une escale.
Début août
Tél. : 02 51 10 00 00
www.les-escales.com

• Jazz sur lie
Rendez-vous de la musique jazz, ce festival invite à venir partager un moment de détente au bord de l'eau tout en savourant un verre de muscadet.
Le Pallet
Mi-août
Tél. : 02 40 80 48 87
www.jazzsurlie.com

Septembre

• Jésus
Ce spectacle son et lumière retrace la vie de Jésus avec plus de 300 acteurs sur les bords de l'Erdre dans un décor de 5 hectares digne des plus grands péplums.
Trans-sur-Erdre
Tél. : 02 40 97 29 27
www.spectaclejesus.fr

• Les rendez-vous de l'Erdre
Installé le long des berges de l'Erdre, ce festival célèbre le mariage du jazz et de la belle plaisance.
Nantes, Sucé-sur-Erdre…
Tél. : 02 51 82 37 7
www.rendezvouserdre.com

Quelques lieux à visiter

ANCENIS

• À voir : le **château fort** dont il subsiste deux tours du bastion, surmontées d'une tour de guet, le châtelet d'entrée du château datant de 1454 puis flâner dans les jardins de l'Eperon.
L'**église Saint-Pierre** qui possède un porche-clocher du XVe siècle, surmonté d'un campanile du XVIe.
(Tél. OT : 02 40 83 07 44).
Le **couvent des Ursulines** date du XVIIe siècle. Il est en tuffeau de Saumur.
Plus récent, **le pont suspendu** qui relie le département de Maine-et-Loire et celui de la Loire-Atlantique est le symbole du passage de Bretagne en Anjou. C'est ici que Joachim du Bellay regardait son petit Liré.

BATZ-SUR-MER

• À voir : l'**église Saint-Guénolé** avec sa vue sur les marais salants et la presqu'île de Guérande.
(Tél. OT : 02 40 23 92 36).
Datant de la fin du XVe siècle, elle est classée aux monuments historiques et abrite la célèbre statue de Notre-Dame du Précieux Sang.
Le **musée des Marais salants** expose plus de 1500 objets sur le monde des marais salants (29, bis rue Pasteur.
Tél. : 02 40 23 82 79).
Le **Grand Blockhaus**, un musée installé dans un authentique poste de commandement permet de découvrir l'histoire du Mur de l'Atlantique. Il nous plonge dans l'ambiance d'un bunker réaménagé avec ses chambres, son PC radio, ses salles des machines et de surveillance. Sont également regroupés de nombreux objets de la vie quotidienne des civils français sous l'Occupation.
(Route de la côte sauvage.
Tél. : 02 40 23 88 29
www.grand-blockhaus.com).
La **chapelle Notre-Dame-du-Mûrier** dont les ruines protégées sont de véritables bijoux gothiques de la dernière époque ogivale. Son toit a permis de restaurer l'église Saint-Guénolé.
Croix et calvaires sont disséminés dans le bourg de Batz et ses villages. Des brochures plus complètes

du patrimoine religieux sont disponibles à l'Office de tourisme.

CHÂTEAUBRIANT

• À visiter : le **château** présente l'intérêt majeur d'offrir les caractéristiques de deux périodes historiques avec **une partie médiévale** qui correspond à la haute cour autour du donjon avec le logis seigneurial et du chapelain, chapelle et **une partie Renaissance** avec l'ancienne basse-cour avec le palais, un escalier d'apparat et une galerie de colonnes de schiste. (Place du Général-de-Gaulle. Tél. : 02 40 28 20 20 www.culture.cg44.fr).
La carrière des Fusillés et le musée de la Résistance en mémoire des 27 otages fusillés en représailles de l'exécution d'un lieutenant-colonel allemand (La Sablière. Tél. : 02 40 28 60 36).

CLISSON

• À voir : la **ville** rebâtie après les guerres de Vendée à l'image des campagnes de Toscane et d'Ombrie (Tél. OT : 02 40 54 02 95).
Le **château de Clisson**, ancienne forteresse médiévale, qui domine la Sèvre (Tél. : 02 40 54 02 22). Le **pont de la Vallée**, datant de 1430, permet d'avoir une belle vue sur la ville. Le **pont Saint-Antoine** de la même époque est un élément gothique très esthétique.
De nombreux lieux de culte, tous font l'objet d'un classement au titre des monuments historiques : la **chapelle des Templiers** (église romane), **l'église Saint-Jacques** (XIIe siècle) et **l'église Notre-Dame** (XIVe-XVe siècle).

GUÉRANDE

• À voir : la cité médiévale et fortifiée avec le dédale de ses ruelles pavées et sa **collégiale Saint-Aubin** (XIIe-XVIe siècle) en granit mêlant le roman et le gothique flamboyant.
Le **musée du Pays de Guérande** pour faire la synthèse du pays blanc (marais salant) et du pays noir (marais de Brière) (Tél. : 02 28 55 05 05).
La **Maison des Paludiers** pour découvrir le passé des paludiers et les différentes productions de la « fleur de sel » (Tél. : 02 40 62 21 96 www.maisondespaludiers.fr).
Terre de sel reste un lieu incontournable pour visiter les marais salants de Guérande et notamment sa faune et sa flore. Une boutique propose de nombreuses spécialités (Tél. : 02 40 62 08 80 www.terredesel.fr)
Le **château de Careil**, ancien fief protestant, montre l'évolution de l'architecture bretonne du XIVe au XVIe siècle (Tél. : 02 40 60 22 99).

HAUTE-GOULAINE

• Château de Goulaine

Il a été reconstruit au XVe siècle sur les vestiges d'une ancienne forteresse. Son histoire se confond avec celle de la famille qui lui a donné son nom et n'a jamais cessé de l'habiter, sauf entre 1788 et 1858.
Ce château abrite également deux curiosités étonnantes : une vaste serre où des papillons d'Asie, d'Afrique et des plantes tropicales cohabitent et une des ailes XVIIe siècle du château où se trouve la collection LU. Elle regroupe plus de 500 tableaux, affiches, objets et mobilier appartenant à la célèbre biscuiterie nantaise (Tél. : 02 40 54 91 42).

LA BAULE

• À voir : **station balnéaire** avec quelques villas grandiloquentes qui témoignent de la folie balnéaire du XIXe siècle (Tél. OT : 02 40 24 34 44).
Le Croisic Océarium, grand aquarium d'eau de mer qui dévoile plus de 2000 espèces à travers 12 escales de la nurserie, au ballet des méduses en passant par le lagon, l'océan, les requins d'Australie, le bassin tactile, etc. (Tél. : 02 40 23 02 44 www.ocearium-croisic.fr).

MEILLERAY-DE-BRETAGNE

• Abbaye de Meilleray

Église abbatiale du XIIe siècle qui s'ancre dans « l'éclair cistercien », entre 1133 et 1153, et qui coïncide donc avec l'action de Bernard de Clairvaux, le plus illustre des cisterciens. Ses bâtiments claustraux datent, eux, du XVIIIe (Tél. : 02 40 55 26 00 www.melleraye-abbaye.com).

NANTES

• À voir : la ville avec le **château des ducs de Bretagne** et ses remparts, la **cathédrale Saint-Pierre-et-Saint-Paul**, d'architecture gothique, le passage Pommeraye, la tour Lu (Le lieu Unique, Tél. : 02 40 12 14 34).
Le **musée Jules-Verne** expose

des manuscrits, des maquettes et des objets évoquant son univers (3, rue de l'Hermitage. Tél. : 02 40 69 72 52).
Le **musée Dobrée** installé dans le palais et le manoir du même nom possède une collection archéologique impressionnante ainsi que des œuvres diverses de la peinture aux arts décoratifs, en passant par la sculpture (Tél. : 02 40 71 03 50).

Oudon

• Le château

Face au promontoire de Champtoceaux, la tour octogonale du château offre au visiteur la possibilité de découvrir la Loire à travers les âges (le fleuve au Moyen Âge, cadre des guerres vendéennes, source d'inspiration de William Turner) tout au long d'un parcours-spectacle dont le parcours ludique à thèmes **Jeunes Aventuriers** pour enfants de 6 à 12 ans (Tél. : 02 40 83 60 00).

Pontchâteau

• À voir : le **calvaire** de Pontchâteau comprend 30 monuments, grottes, fresques, situés dans un parc de 14 ha (Tél. : 02 40 01 60 54).

Saint-Lyphard

• Le **village de Kerhinet**
Village entièrement constitué de chaumières, habitations typiques dont la toiture est construite en roseaux des marais (Tél. OT : 02 40 91 41 34).

Saint-Joachim

L'**île de Fédrun**, pour une promenade en Brière, en chaland traditionnel (Tél. : 06 84 40 77 82).

Saint-Nazaire

Escal'Atlantic, pour découvrir l'aventure des paquebots (Tél. : 08 10 88 84 44 www.escal-atlantic.com).
Les **chantiers navals Aker Yards**, pour visiter le berceau des géants des mers. Attention, réservation obligatoire. (Tél. : 08 10 88 84 44).
L'écomusée retrace l'histoire de Saint-Nazaire au travers de l'exposition permanente « Mémoire d'Estuaire ».
Le sous-marin *Espadon* de la marine française a été désarmé dans les années 80 et est aujourd'hui un musée installé dans une écluse fortifiée. C'est le seul sous-marin à flot qu'on peut visiter en France (Tél. : 0 810 888 444).

Saint-Philbert-de-Grand-Lieu

• Abbatiale carolingienne

Édifié au début du IXe siècle, cet ouvrage d'art carolingien est admirable par le mariage de la pierre et de la brique. Sa crypte abrite un sarcophage mérovingien en marbre, contenant des reliques du saint. (Le prieuré, Tél. : 02 40 78 73 88).

Index des noms de lieux

Les numéros de pages apparaissant en gras renvoient à des images.

Table des matières

Éditeur : Anne Cauquetoux
Coordination éditoriale : Isabelle Rousseau
Collaboration éditoriale : Laure Huger
Conception graphique : Le studio graphique des Editions Ouest-France
Mise en pages : Cécile Gibbes
Cartographie : Patrick Merienne
Photogravure : graph&ti, Cesson-Sévigné (35)
Impression : Pollina, Luçon (85) - L54273

Édilarge SA, Rennes
ISBN : 9782-7373-4647-7
N° d'éditeur : 5826-01-4,5-07-10
Dépôt légal : Juillet 2010
Imprimé en France
Retrouvez-nous sur www.editionsouestfrance.fr